はしがき

　日本の少子高齢化と東京一極集中が明瞭となった1970年代以降、地域活性化や町おこし、さらに昨今では地方創生等の言葉を見聞きする。なかでも秋田にとっては、超高齢化と少子化の克服は喫緊の課題である。それでは、地域活性化の方法を考案し、地域に貢献するには、どのような知識や能力が必要なのだろうか。

　平成26年（2014）、秋田大学教育文化学部に「地域文化学科」が創設された。そこでは、私たちを取り巻く地域に貢献するための知識や体験を培い、企業・自治体を問わず地域の活性化を担える人材を育成するために多くの授業が開かれている。本書はこの学科の創設以来、入学後まもない一年生が受講してきた、ふたつの必修科目をもとに書かれている。

　ひとつは「秋田学基礎」である。学生は自然・経済・政治や言語・文化・海外等の様々な観点から秋田について座学で学ぶ。これを通じて、秋田が向き合う課題や未来を考えるための知識を得る。もうひとつは「地域学基礎」である。学生は教室さらに大学の外に出て、主に秋田県内の企業や自治体、事業所の方々への聞き取り調査や現場の観察等、フィールドワークを行う。

　ふたつの授業を通じて、学生は秋田という地域の実情を知識と実践の双方から学ぶ。そこから秋田に限らず、日本そし

て世界各地に広がる大小様々な地域を多面的に捉える力を身に付ける。さらに、そこで得た地域に対する考え方は自然科学・社会科学・人文学からなる専門教育で生かされることになる。

　本書は、「自然と社会」編と「文化と歴史」編の二冊からなる。主に令和3〜4年度（2021〜2022）に行われた「秋田学基礎」と「地域学基礎」の内容の一部を、それぞれ章とコラムで扱う。いずれにおいても、秋田の地域としての特徴が論じられ、秋田に住み、働く人々、そこで作られた商品や作品等も登場する。

　現在、秋田をはじめとする日本各地を取り巻く状況は自然・経済・文化等のあらゆる面で変わり続けている。大学も日々その変化への対応を迫られている。読者の皆さんが本書を手に取った頃には、「地域文化」という学科は姿を変えているかもしれない。

　しかし、秋田という個性と歴史のある地域に関して、本書から得た知識や視点は今後の秋田にとって必要であり続けるはずである。興味のある学問分野を扱う章、あるいは最寄りの自治体や好きなテーマを取り上げるコラム、どこからでも読んでいただきたい。秋田を学問的な知見に基づいて客観的に考えてみることで、これからの秋田を見据える第一歩となれば幸いである。

編者一同

凡　例

1. 図・表・地図については、キャプション内に出典やデータ提供元等を記している。それらの明示がない場合は、著者が独自に作成したものである。

2. 風景や建物等の写真については、キャプション内に撮影者やデータ提供元、書籍等の出典等を記している。それらの明示がない場合は、著者自身が撮影したものである。

3. 本文中で、※が付された学術的な用語や外国語等については、同頁内に補説説明が記されている。

4. 本文中で、原典資料や書籍の文章を直接引用する場合には、「　」内に記すか改行して、原文等が記されている。

5. 参照・引用した書籍、刊行物、統計データ等の典拠を記載する方法は学問分野により多様である。著者ごとの統一にとどめ、全体では統一していない。

6. 章末の引用・参考文献・資料には、紙幅の都合から、入手しやすい書籍や閲覧可能なサイト名等が優先して掲載されている。

はしがき …………………………………………………………………… 1

凡例 ……………………………………………………………………… 3

第1章 秋田の自然環境
社会基盤・資源としての自然　　　　　　　林　武司
　自然環境と人間社会とのかかわり ……………………………… 8
　地形 ………………………………………………………………… 9
　地質 ………………………………………………………………… 12
　気候 ………………………………………………………………… 15
　水循環 ……………………………………………………………… 19
　秋田の自然と人間社会とのかかわり …………………………… 22
　自然と人間社会との共生に向けて ……………………………… 28

コラム 1　あきたの食素材を活用した地域おこし活動　　30
　　　　　　　　　　　　　　　　　　　　池本　敦

第2章 秋田の植生
植物から見た秋田の自然　　　　　　　　成田　憲二
　植物から自然について考える …………………………………… 34
　気候と地形 ………………………………………………………… 36
　生態系と植生 ……………………………………………………… 39
　人の活動による植生への影響 …………………………………… 49
　秋田の自然は豊かなのか ………………………………………… 53

コラム 2　大仙市の健幸まちづくりプロジェクト　　60
　　　　　　　　　　　　　　　　　　　　西川　竜二

第3章 秋田の災害

明治以降の地震災害史探訪　　　　　　　水田　敏彦

地震災害の歴史から学ぶ································· 64

1896年陸羽地震 ······································· 65

人的被害の発生状況 ··································· 70

1914年秋田仙北地震 ··································· 72

1939年男鹿地震 ······································· 78

コラム 3　味噌醸造元から食産業の戦略を学ぶ　　　86
　　　　　　　　　　　　　　　　　　　　　　　林　良雄

第4章 秋田の地理

人口減少は問題か　　　　　　　　　　　篠原　秀一

人口推移から秋田をみる ······························· 90

総人口・世帯数・世帯員数 ······························· 90

自然動態と社会動態 ··································· 92

年齢別性別人口構成 ··································· 97

産業別就業人口構成 ·································· 102

夜間人口と昼間人口 ·································· 108

「人口減少」は「好機」かも～野外調査で地域を実感する～ ······110

コラム 4　高齢化と地域コミュニティ　　　　116
　　　　　　　　　　　　　　　　　　　　　　　石沢　真貴

第5章 秋田の経済

地域経済統計から見るマクロ経済環境　　荒井　壮一

マクロ経済学とはなんだろうか ……………………………………… 120
GDPをどう理解するか ……………………………………………… 121
産業分類から見る …………………………………………………… 123
特化係数から見る …………………………………………………… 126
物価と賃金から見る ………………………………………………… 132

コラム 5　能代での調査にもとづく市民協働の提案　　138
和泉　浩

第6章 秋田の観光

観光に関するデータ分析　　高橋　環太郎

観光のデータ ………………………………………………………… 142
分析ソフト …………………………………………………………… 143
テキストマイニングという手法 …………………………………… 146
地域性を取り入れた道の駅 ………………………………………… 147
因子分析という手法 ………………………………………………… 153
観光資源と季節性 …………………………………………………… 156

コラム 6　司法過疎と民事裁判のIT化・法律相談へのアクセス　　164
棟久　敬

第7章 秋田の産業

100年の歩みと成長産業　　　　　　　臼木　智昭

人口からみた100年 ···168

経済からみた100年 ···170

産業の稼ぐ力からみた100年 ·······································174

これからの100年をけん引する産業 ···························176

コラム 7　大学生による日本酒造りと地域の魅力発信　　184
　　　　　　　　　　　　　　　　　益満　環

あとがき ···188

著者紹介 ···190

第1章 秋田の自然環境

社会基盤・資源としての自然

林　武司

自然環境と人間社会とのかかわり

　地球の自然環境は、地圏と呼ばれる大地の領域、水圏と呼ばれる水の領域、気圏と呼ばれる大気の領域、そしてこれらにまたがる生物の領域（生物圏）に大別することができる。本来、私たち人間は地球上に存在する生物の1種にすぎず、生物圏に属している。しかし現代では、人間社会は文字通り地球規模で活動しており、地球温暖化・気候変動の進行やプラスチックごみ汚染のように、地球規模で自然環境に大きな影響を与え得る存在となっている。このような状況下において自然環境を適切に理解するためには、自然環境の本来のあり方と人間社会とのかかわりを分けて考える必要がある。このように自然環境と人間社会とを分けた場合、両者の間には、どのような関係がみられるだろうか。

　人間社会は、自然環境に積極的に働きかけることによって自然環境から資源などの様々な恩恵を受け、社会を維持している。ただし、自然環境は恩恵だけでなく、時には地震や火山の活動、台風、洪水など様々な災害も人間社会にもたらす。他方、人間社会の働きかけを自然環境の側から考えると、自然環境にとっては負荷、すなわちネガティブな影響とみなせる。人間社会の与える負荷が自然環境の許容範囲内であれ

ば、自然環境は自身のレジリエンス（回復力）で弾性的に回復し、ある程度の変動の範囲内で持続的＝サスティナブルな状態を維持することができる。しかし、人間社会の働きかける方法や程度が適切でなく負荷の程度が自然環境の許容範囲を超えてしまうと自然環境は自らの力で回復できなくなり、環境問題となる。また、このような状況下では、自然災害の被害の程度がより大きくなる場合がある。自然環境の許容限界は自然環境のあり方によって、また人間社会の活動のあり方によって異なるため、地域ごとに両者の関係を理解し評価する必要がある。本章では、秋田県の地形、地質、気候、水にかかわる自然環境の基本的な特徴や現状について概観したうえで、これらの自然環境と人間社会とのかかわりを資源、産業、文化の観点から考える。

地形

　秋田県は南北181km、東西111kmにわたって広がり、全国第6位の面積（11,637.52km²）を有する。ただし、山地が県面積の58.0%（6,755km²）を占め、丘陵地を含めるとその割合は72.0%（8,384km²）に及ぶ（総務省統計局，2016）。このように山地・丘陵地が広がる秋田県の地形の特徴について、東北日本の地形の特徴をふまえてみてみよう。東北日本の中央部には脊梁山脈である奥羽山脈が南北方向に延びており、奥羽山脈の東側（太平洋側）には北上・阿武隈山地が、西側（日本海側）には出羽・飯豊山地が南北方向に広がっている。出羽・飯豊山地は、北から南に向かって津軽山地、白神山地、森吉

第1章　秋田の自然環境−社会基盤・資源としての自然−　9

山地、丁岳山地、朝日山地、飯豊山地などの山塊が連なるものである。これらの山塊は、白神山地や笹森丘陵など沿岸域にまで広がっているものもあるが連続しておらず、山塊の間に津軽平野、秋田平野、横手盆地、庄内平野などが点在している。このような東北日本の大局的な地形の構造が、秋田県の地形に大きく影響している。秋田県内では、奥羽山脈に属する八幡平山地や真昼山地が東部にあり、出羽・飯豊山地に属する山塊として北から白神山地、森吉山地、太平山地、笹森丘陵、丁岳山地がある（図1）。このように山地・丘陵地が広がる秋田県であるが、これらの山地・丘陵地の標高は主に

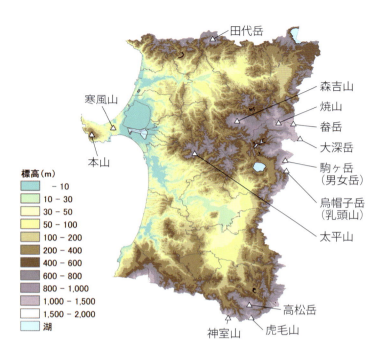

図1　秋田県の地形概要：地形区分、標高分布、主要な山岳の分布
国土地理院の基盤地図情報　数値標高モデル10mメッシュ；国土交通省の国土数値情報　湖沼データ、行政区域を用いて作成。地形区分は小池ほか編（2005）に基づく。

1,000m以下である。秋田県内における標高1,000m以上の主要な山岳には駒ヶ岳（男女岳1,637m）、烏帽子岳（乳頭山1,478m）、森吉山（1,454m）、虎毛山（1,433m）、焼山（1,366m）、田代岳（1,178m）、太平山（1,170m）などがあり（秋田県企画振興部調査統計課，2022）、県内に標高2,000m以上の地域はない。秋田県民歌にもある鳥海山は秋田県南西部の山形県との境界部に位置し、標高2,236mを有して東北日本を代表する山岳の1つであるが、山頂部は山形県遊佐町内にある。

他方、男鹿半島を代表する山岳には本山（715m）や寒風山（354m）がある。

　これらの山地・丘陵地に囲まれ、内陸部には花輪盆地や大館盆地、鷹巣盆地、横手盆地があり、沿岸域には能代平野や秋田平野、本荘低地がある（図1）。これらの平地は、後述する秋田の三大河川（北から米代川、雄物川、子吉川）の周囲に主に分布しているが、男鹿半島の付け根部分にあたる八郎湖（八郎潟残存湖）周辺から能代平野、秋田平野にかけての地域も大きな平地となっている。この平地の存在は、男鹿半島の形成と深くかかわっている。男鹿半島は秋田県の中央付近、能代平野と秋田平野の間に位置して日本海に突き出しており、その形状は斧や靴に例えられることがある（図1）。この男鹿半島は、米代川や雄物川からもたらされた砂の堆積によって形成された砂州により、沖合にあった男鹿島と本土が地続きとなった陸繋島[1]である。このため、半島西部は男鹿三山（本山、毛無山、真山）を中心とした山地であるのに対して、半島東部では北側、南側の沿岸域に砂丘が延びており、両砂丘の間に八郎湖がある。

　また、海岸砂丘は男鹿半島だけでなく秋田県内の沿岸域に断続的に広がっており、能代平野、秋田平野、本荘低地に見られるだけでなく、鳥海山麓などにも分布している。

地質

　地質とは地面の下にある地層や岩石などの性質や状態のこ

※1　離島を本土に繋いだ州をトンボロ（陸繋砂州）といい、繋がれた島を陸繋島という。

とであり、地層とは火山噴火で降り積もった火山灰や水中に
たまった砂など同じ特徴を有する堆積物が層状に広がってい
るものを指す。秋田県の地質は、地形と同様に東北日本の形
成と大きく関わっている。

　図2は、秋田県の地質分布を表したものである。本章では
詳細については触れないが、この図では地質の種類によって
色が異なっており、図中に多くの色が見られることは秋田県
内に様々な地質が分布していることを意味する。大局的に、水・
黄・青・黄緑色系統は砂や泥などが堆積したものであること
を表し、桃・赤・紫・茶色系統は火山活動にかかわる地質であ
ることを表す。例えば、太平山を中心とする太平山地（図1）
に見られる赤色や森吉山、焼山、寒風山などに見られる茶色
は火山活動に由来する地質であることを示し、横手盆地や秋
田平野、本荘低地などに見られる水色は砂や泥などの堆積物
であることを示している。地質分布と地形区分（図1）を比較
すると、山地・丘陵地によって、また山地・丘陵地内でも地
質が様々であることがわかる。

　また、図中の黒い実線や点線は断層を表している。線種の
違いは断層の存在の確からしさや活動度などの違いを表して
おり、いわゆる活断層も含まれている。断層の分布を見ると、
秋田県全体としては山地・丘陵地内や山地・丘陵地と平野・盆
地の境界部、さらに沿岸域に主に見られ、前述した地形の形
成過程において地質が変動し、断層が形成されてきたことが
窺える。

図2　秋田県の地質
国立研究開発法人産業技術総合研究所の20万分の1日本シームレス地質図V2を用いて作成。

気候

　気候についても、東北地方では奥羽山脈を境として太平洋側と日本海側で大きく異なる特徴がみられる。その要因として、前述した奥羽山脈や北上・阿武隈山地、出羽・飯豊山地が南北に延びていることや、太平洋では寒流である千島海流（親潮）が南流しているのに対して日本海では暖流である対馬海流が北流していることなどがあげられる。山地のような地表面の起伏は、気温や、雨や雪のもととなる水蒸気塊の移動に影響し得る。例えば気温は、対流圏内では高度が上がるにつれて低下する。このことを登山などを通じて体感した方も多いことだろう。また、山地のような地形は上昇気流によって水蒸気塊を上空に押し上げるため、風上側の斜面において降水が生じやすくなる。他方、暖流は低緯度側から高緯度側へ熱を輸送して沿岸域にもたらす。本章では、太平洋側と日本海側での気候の特徴の差異が表れやすい夏季と冬季に着目する。

　夏季には6月から7月にかけて梅雨前線が現れ、東北地方に雨をもたらし得る。梅雨明け後の盛夏期には太平洋高気圧に覆われて晴天が続くが、太平洋側では"やませ"の影響を受け、沿岸域を中心に曇りや雨の日が続き低温となることがある。これに対して日本海側地域では、奥羽山脈を中心とする山塊によって水蒸気塊の輸送が妨げられるために晴天となりやすく、また奥羽山脈を乗り越えた風が吹き下ろす際にフェーン現象を引き起こすと高温となることがある。冬季になると、日本付近ではユーラシア大陸に高気圧が、また日本

第1章　秋田の自然環境−社会基盤・資源としての自然−　15

の東方の太平洋上に低気圧が分布する、いわゆる冬型（西高東低）の気圧配置が生じやすくなり、大陸から日本に向かって吹き出す北西の季節風が強まる。この季節風に対して、日本海、とくに暖流である対馬海流が水蒸気を供給する。これによって日本海上空で雪雲が発生しやすくなり、日本海側地域では日照時間が少なく雪の降る日が多くなる。一方、雪をもたらす水蒸気塊の多くは出羽・飯豊山地や奥羽山脈によって遮られるため、太平洋側では沿岸域や平野部を中心に晴天となることが多くなる。

　次に、秋田県の気候の特徴について、年平均気温、年降水量、年最深積雪に着目してみてみよう。本章では、気象庁のメッシュ平年値2020を用いる。メッシュ平年値2020は、全国の気象台やアメダスの観測値、推計気象分布のデータ、部外観測所の積雪データなどに基づいて1991年〜2020年の平年値[※2]を1kmメッシュで推定したものである。年平均気温分布を標高分布（図1）と比較してみると、県全体としては、沿岸域から山地の高標高域に向かって気温が低くなる傾向が窺える。このような傾向の主な成因として、前述した高度と気温の関係や対馬海流の影響があげられる。ちなみに、気象庁のアメダスの観測データを用いて、おおよそ同緯度に位置する秋田県・岩手県内の沿岸都市の年平均気温（1991年〜2020年の平年

※2　気象庁は「西暦年の1の位が1の年から続く30年間の平均値」を平年値とし、10年ごとに更新している。現在の平年値は1991〜2020年の平均値であり、2021年5月から使用されている。この定義により、気象予報などで用いられる「平年並み」という語が意味する値は10年ごとに変化することに注意する必要がある。すなわち20世紀後半以降、地球温暖化・気候変動が進行してきたことをふまえると、現在の大人世代が幼少期だった頃の「平年並み」と現在の子ども世代にとっての「平年並み」は、値が異なる。

値）を比較すると、能代市11.5℃（能代観測点）に対して久慈市10.1℃（久慈観測点）、由利本荘市12.0℃（本荘観測点）に対して釜石市11.7℃（釜石観測点）である。

　年降水量とは、一年間に降った雨や雪の量を単位面積当たりの水の深さ（mm）として表したものであり、国土交通省水管理・国土保全局水資源部（2022）によると日本全国の平均的な年降水量は約1,707mmである。秋田県の年降水量分布と地形（図1）を対比すると、山地では年降水量が多くなることが窺えるが、県北東部など山地であっても年降水量が少ない地域も見られる。前述したように山地は水蒸気塊を上空に押し上げるが、沿岸域やその周辺、あるいは風上側の斜面で水蒸気の多くが降水になると、内陸部や風下側の斜面にもたらされる水蒸気量は少なくなる。このため、県北東部の花輪盆地のような内陸盆地では、供給される水蒸気量が相対的に少なくなりやすい。また盆地では、周囲の山地・丘陵地を乗り超えた空気塊が下降する際に温度が上がることも、降水量が少ないことに影響し得る[3]。

　年最深積雪は積雪の深さの年最大値である。雪の場合には、いわゆる吹き溜まりのように積雪後に風によって移動・二次堆積したり、雪が積もると自身の重さで圧密されたりするため、降雪量と積雪深は異なる。秋田県内の年最深積雪の分布は年降水量のそれと類似した傾向を示しており、沿岸域で少

※3　空気が含むことのできる水蒸気の最大量を飽和水蒸気量というが、飽和水蒸気量は気温に比例する。すなわち、気温が上昇すると飽和水蒸気量が増加する。空気が含みきれなくなった水蒸気が水滴となって雨や雪のもととなることから、水蒸気を含む空気塊が山地・丘陵地を乗り越えて盆地内に降りてくると、気温の上昇に伴って飽和水蒸気量が増加することとなり、雨や雪が降りにくくなる。

第1章　秋田の自然環境−社会基盤・資源としての自然−　17

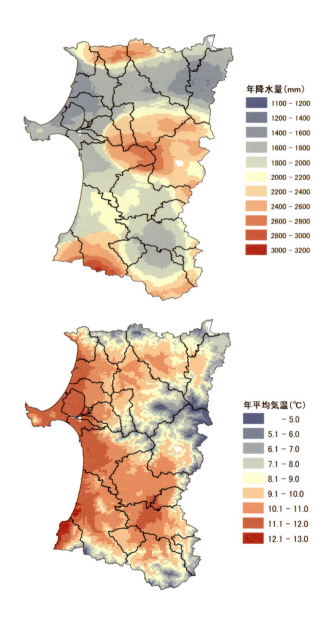

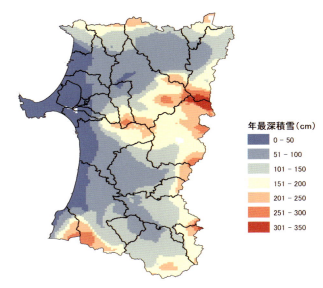

図3　秋田県の気候概要：年平均気温、年降水量、年最深積雪の分布
気象庁のメッシュ平年値2020；国土交通省の国土数値情報　行政区域を用いて作成。

なく山地の高標高域で多い。

水循環

　「雪は豊年の瑞」という諺がある（「瑞」は「兆」や「貢」などともいわれる）。これは、雪が多く降るのは豊年の前兆であるという意であり、山地・丘陵地に雪が多く降ると雪解け水で水田を十分に灌漑できると期待されることを述べたものである。また、雪は「天然の白いダム」あるいは「白いダム」とも呼ばれる。これは、山地・丘陵地に雪が積もっていることは山地・丘陵地に水が蓄えられている状態であり、雪解け水

が河川や地下水を涵養するためである。このように、積雪地域では水循環においても、また水資源利用においても、山地・丘陵地の積雪が大きな役割を果たし得る。前述したように、秋田県においても県内に広がる山地・丘陵地が雨を受け止め、また雪を蓄える役割を果たしていると考えられる。

　それでは、山地・丘陵地に降った水は、どのように県内を巡るのだろうか。本章では、河川に着目して水の行方を考えてみよう。図4は秋田県内の主な河川の分布を表したものである。ある1つの系統に属する河川のネットワークすなわち河川の本流や支流の全体を水系と呼ぶが、この図中では雄物川水系を紫色、米代川水系を青色、子吉川水系をオレンジ色で表し、これら3水系に属さない河川を黒色で表している。なお、雄物川の幹線流路延長（本川の上流端から下流端までの長さ）は133km、米代川の幹線流路延長は136kmである。図4から、秋田県内の河川の多くはこれら3河川の水系のいずれかに属していることがわかる。また、降水に由来する表流水の集まる範囲を流域というが、雄物川、米代川、子吉川の各流域の面積は、それぞれ約4,710km^2（県面積の約41％）、約4,100km^2（同、約36％）、約1,190km^2（同、約10％）であり、これら3河川の流域で秋田県面積の約87％を占めている。

　また秋田県内には、十和田湖、田沢湖、八郎湖の3つの大きな天然の湖がある（図1）。十和田湖と田沢湖は火山活動によって形成されたものであり、田沢湖は日本で最も水深の大きな湖として知られる（水深423.4m）。田沢湖の湖面標高は249.0mであることから、湖の中層～深層部は海抜0mより

図4　秋田県の水系分布

国土地理院の基盤地図情報　数値標高モデル10mメッシュ；国土交通省の国土数値情報　河川（ライン），湖沼データを用いて作成。

も低い位置に存在していることになる。他方、八郎湖は前述した男鹿島と本土が地続きになる過程で形成された潟湖であり、かつては八郎潟と呼ばれた。八郎潟は東西12km、南北27kmの大きさを有し、面積は220.24km^{2}で国内第2位の規模を誇ったが、1957年〜1977年に行われた干拓事業によって面積が47.3km^2（元の21.5%）にまで縮小した。

秋田の自然と人間社会とのかかわり

地形とのかかわり

　前述したように秋田県内には山地・丘陵地が広がっており、それらの面積を合計すると県面積の72.0%を占める（総務省統計局，2016）。これらの山地・丘陵地を中心として県内には森林が広がり、県面積の72.1%（8,396.02km^2）に及ぶ（秋田県農林水産部，2024）。他方、秋田県内には、前述した十和田湖や田沢湖、八郎湖をはじめとする湖沼が点在している。このような特徴から、秋田県の可住地面積[4]は3,204.37km^{2}である。これは全国第10位の規模であるが、県面積に占める割合は27.5%であり（秋田県企画振興部調査統計課，2022；2020）、可住地面積割合では同第33位である。

　秋田県の地形の特徴は人々の暮らしにも大きく影響している。県内に山地・丘陵地や森林が広がることは、人間社会に様々な恩恵をもたらしてきた。例えば、山地・丘陵地の森林に形成された生態系は林業など様々な生態系サービスを地域

───────────────

[4]　総面積から林野面積と主要湖沼面積を差し引いたもの。

社会にもたらし、またマタギなどの特有の文化を醸成する要因ともなってきた。さらに、森林は「海の母」とも呼ばれ海の生態系の維持に大きな役割を果たしており、秋田県の沿岸漁業を支える要因の1つとなっている。その一方で、山地・丘陵地や森林の存在は人々の生活圏を規制し、人々の多くは山地・丘陵地に囲まれた平地に集住している。なお、秋田県の人口密度は総面積1km²当たりで84.3人（全国第45位）、可住地面積1km²当たりで306.1人（同46位）である（秋田県企画振興部調査統計課，2022）。

地質とのかかわり

　秋田県内の地形と地質が作り出す様々な自然景観は、秋田県にとって重要な観光資源となってきた。これらの自然景観の中には国の天然記念物に指定されているものがあり、その存在の貴重さや価値が学術的に評価されている。また、地質の多様さは化石燃料や天然アスファルト（瀝青）、鉱物資源、地熱・温泉などの地下資源を秋田の人間社会にもたらしてきた。これらの地下資源は秋田県内の社会・経済の発展を支えてきただけでなく、日本の近代化や成長の一翼を担ってきた。

　これまで開発されてきた油・ガス田は県西部に分布しており、現在でも八橋（秋田市）や申川（男鹿市）、鮎川・由利原（由利本荘市）において原油や天然ガスの生産が行われている。また近年では、シェールオイルの開発も行われている。石炭については、阿仁（北秋田市）などに炭田が存在していた。豊川（潟上市）の天然アスファルトは生産されてはいないも

のの、現在でも天然アスファルトの露頭[5]などを見ることができる。鉱物資源については、県内各地において金、銀、銅、鉛、亜鉛、鉄、マンガン、硫黄など様々なものが開発されてきた。現在では多くの鉱山が閉山しているが、揚ノ沢鉱山（北秋田市）では金やレアメタルなどが採掘されている。また、これらの化石燃料や鉱物資源の関連施設の中には産業遺産や文化財として保存されているものがあったり観光資源として活用されているものがあったりするなど、当初の役目を終えてからも地域社会に利活用されているものがある。

地熱については、鹿角市と湯沢市に計5か所の地熱発電所があり、それらの発電導入量は日本全国で第2位（第1位は大分県）となっている（秋田県，2023）。また、蝸牛山（湯沢市）などにおいて新たな地熱開発も計画・推進されている。他方、温泉については25市町村中23市町村において温泉地数計109地域、浴用・飲用向けの源泉総数515か所（2022年3月31日現在）となっており、これらのうち大館ぐるみ温泉郷、八幡平温泉郷、田沢湖高原温泉郷、秋ノ宮温泉郷は国民保養温泉地として指定されている（秋田県，2022）。

水とのかかわり

水は人間社会にとって欠かすことのできない資源であり、人々が直接に利用する飲用水や生活用水としてだけでなく、農産物の生産にかかわる農業用水、工業製品の生産にかかわ

---

[5] 岩石・地層・鉱床などが土壌や植生に覆われることなく、直接に地表に露出している場所。

る工業用水、さらに発電用水などとしても利用されている。旧国土庁（現在の国土交通省）は「人々が、水を上手に活用し、また水を制する中で、長い時間をかけ、生み出されてきた有形、無形の文化や伝統」を水文化と呼称している（国土庁長官官房水資源部，2000）。水文化には祭事や信仰、伝統工芸、水車や堰などの施設、さらに水を中心とした生活パターンや生活様式、子どもの水遊びなどが含まれる。地域の水のあり方は気候や地形などの要因によって異なることから、各地域はそれぞれ個性的な水文化を有することになる。水が不可欠な資源であることをふまえると、地域社会の水とのかかわり方（水文化）は地域文化の基盤の一翼を担っているといえる。秋田県内においても、水利用のあり方（ため池、田沢疎水などの用水路、水舟、水板倉など）、水が大きくかかわる食品産業（米、ジュンサイ、うどん、日本酒、サイダー、ミネラルウォーターなど）、水にかかわりのある行事・祭事（ねぶり流し、竿灯まつり、かまくら、水神社裸参りなど）や信仰（弘法水など）など多様な水文化が形成されてきた。これらの水文化の中には、重要無形民俗文化財に指定されたり観光資源となったりするものがある一方で、生活様式や産業構造の変化、少子高齢化の進行などによって継続・継承が困難となったり失われてしまったりしたものもある。

環境問題とのかかわり

　本章の冒頭に述べたように、自然環境と人間社会とのかかわりは必ずしも良好なものばかりではない。秋田県は県内の

環境の現状について「自然環境や大気、水質をはじめとした生活環境ともに、おおむね良好に維持されている」と述べているが（秋田県，2021）、例えば秋田県内では酸性雨が経年的に観測され続けており、湖沼については調査を行ったものの40％程度においてCOD※6の環境基準を達成できていない状況が続いている（秋田県，2022）。また田沢湖では、1940年に酸性河川である玉川から導水したことによって湖水が酸性化し、現在も湖水全体が酸性状態となっている。他方、秋田県によると、2021年度に県や市町村が新規に受け付けた公害苦情は581件あり、2017年度以降の推移をみると増加傾向にある（秋田県，2022）。苦情の内訳としては、典型7公害※7については大気汚染に関するものが最も多く（142件）、次いで水質汚濁（88件）、騒音（71件）となっている。これらの苦情の主な発生原因は、大気汚染では廃棄物の焼却（野焼き）、水質汚濁では油などの流出・漏洩などとなっている。典型7公害以外では廃棄物投棄が最も多い（109件）。これらの点をふまえると、現在の秋田県内の地圏、気圏、水圏の自然環境には解決すべき課題があると考えるのが適当であろう。

　さらに、地球温暖化・気候変動の進行は秋田県内の気候にも影響を与えており、年平均気温の上昇や降水量・降水パターンの変化などをもたらしている。気象庁のアメダス観測デー

※6　Chemical Oxygen Demandの略であり、日本語では化学的酸素要求量と呼ばれる。水中の有機物を酸化剤で酸化した際に消費される酸素の量であり、湖沼や海域の有機汚濁を測る代表的な指標として用いられてきた。
※7　大気汚染、水質汚濁、土壌汚染、騒音、振動、地盤沈下、及び悪臭を指す。

タによると、県内各地の観測点において、世界の年平均気温の推移（IPCC※8，2023）と整合的な変動傾向が認められ、雨の降り方に関しては1時間降水量の最大値が経年的に増加している。このことは、いわゆる大雨や集中豪雨の発生頻度が経年的に高まっていることを示唆する。また地球温暖化・気候変動の進行の影響は、もちろん冬季の気候にも及んでいる。県内各地のアメダス観測点における年降雪量と年最深積雪の推移をみると、年降雪量については減少傾向にある一方で、年最深積雪については増加傾向にある。これらの傾向から秋田県内では、年間での降雪量は減少しつつも集中的な降雪が増加していることが窺える。

IPCCの第6次報告書（IPCC，2023）は、地球温暖化は少なくとも今世紀半ばまで進行すると指摘している。このことは、上述したような秋田の気候の変化が少なくとも今世紀半ばまで継続することを強く示唆する。すなわち将来には、大雨や集中豪雨の頻度や強度が増して水害の発生リスクが高まるとともに、冬季の降雪量がさらに減少すると想定される。前述したように、山地・丘陵地の積雪は「天然の白いダム」であることから、降雪量の減少は生活用水や工業用水、農業用水、とくに水田に灌漑する水の減少をもたらすことが懸念される。

※8　1988年に世界気象機関（WMO）と国連環境計画（UNEP）によって設立された国際的な政府間組織であり、IPCCはIntergovernmental Panel on Climate Changeの略である。日本語では「気候変動に関する政府間パネル」と呼ばれる。

自然と人間社会との共生に向けて

　前節に述べたように、秋田県内の自然環境には様々な課題が存在している。秋田の人間社会が持続可能であるためには、自然との共生をより強く推進していくことが求められる。秋田県は県内の豊かな環境を保全して次世代へ継承していく環境施策の道標として、2021年に第3次秋田県環境基本計画を策定している（秋田県，2021）。この基本計画では、2030年までの実現を目指す環境像として「豊かな水と緑あふれる秋田」が掲げられ、その実現のために4つの基本方針：自然と人との共生可能な社会の構築、環境への負荷の少ない循環を基調とした社会の形成、地球環境保全への積極的な取り組み、環境保全に向けての全ての主体の参加、が定められている。この基本計画を推進し実現していくためには、秋田県や市町村だけでなく「秋田にかかわる人々」が協働して当たることが求められる。ここでいう「秋田にかかわる人々」とは、秋田に暮らす人々だけでなく県内の企業や秋田とかかわりのある企業、さらに業務や観光などで秋田を訪れる人々なども含まれ、これらの関係者（ステークホルダー）が、それぞれの責任と役割を自覚し主体的に行動していくことが重要である。

　また、地球温暖化・気候変動の進行やプラスチックごみなどの地球規模の環境問題は、秋田の自然環境や人間社会にも影響を及ぼす。秋田に暮らす人々は、自身の行いが地球環境に影響を及ぼし得ること、またそのことが翻って秋田や自身の生活に悪影響を及ぼし得ることを理解し、環境問題の解決に向けて主体的に適切な行動をとることが求められる。

参考文献

秋田県（2023）あきたびじょん 2023年3・4月号。

秋田県（2022）令和4年版　環境白書。

秋田県（2021）豊かな水と緑あふれる秋田〜みんなで持続可能な社会を目指して〜第3次秋田県環境基本計画。

秋田県企画振興部調査統計課（2022）令和4年版　秋田県勢要覧。

秋田県企画振興部調査統計課（2020）令和2年版　あきた100の指標。

秋田県農林水産部（2024）秋田県森林・林業の概要　令和6年度版。

国土交通省水管理・国土保全局水資源部（2022）令和4年版　日本の水資源の現況。

国土庁長官官房水資源部（2000）地域を映す水文化・水が導く地域の未来。

小池一之・鎮西清高・田村俊和・宮城豊彦（編集）（2005）日本の地形　3東北、東京大学出版会。

総務省統計局（2016）第六十五回　日本統計年鑑　平成28年。

IPCC（2023）CLIMATE CHANGE 2023 Synthesis Report。

参考URL

気象庁　「日本の気候」
　　https://www.jma.go.jp/jma/kishou/know/kisetsu_riyou/tenkou/
　　Average_Climate_Japan.html

気象庁「過去の地点気象データ・ダウンロード」
　　https://www.data.jma.go.jp/risk/obsdl/index.php

国立研究開発法人産業技術総合研究所地質調査総合センター　「20万分の1
　　日本シームレス地質図」
　　https://gbank.gsj.jp/seamless/

国土交通省　「国土数値情報ダウンロードサイト」
　　https://nlftp.mlit.go.jp/ksj/

国土交通省国土地理院　「基盤地図情報ダウンロードサービス」
　　https://fgd.gsi.go.jp/download/menu.php

Column コラム 1

あきたの食素材を活用した地域おこし活動

池本　敦

　秋田県には食資源が豊富に存在するが、米が突出しているのが課題である。農業産出額に占める米の割合は全国平均で約25%であるのに対し、秋田県は66%と倍以上である。加工食品としては、米を活用した日本酒や発酵食品があるが、食品製造品出荷額は全国44位と下から数えた方が早い。このように秋田県では、米以外の農作物の振興や、それらを活用して付加価値を高めた加工食品を製造することが産業上の課題となっている。

　こうした背景から、我々は地域食資源の中でもあまり利用されていない農作物や廃棄される部分を素材として、より付加価値の高い加工食品や健康素材を開発することを目指して研究している。教育面においては「体験」を重視し、フィールドワークや学生参加型授業によって、地域の人々との協働を通して、実情に即した解決方法を学んでいくことを重視してきた。その際、研究成果を授業にも教材として積極的に活用している。生産者・企業・自治体との産学官連携活動をリアルプロジェクトとして授業に導入し、学生に当事者意識で参加してもらい、真の地域課題を一緒に学んでいく。

　地域から公募型テーマとして始めたのが、大仙市より提案のあった中仙ジャンボうさぎの食肉としての活用である。文化庁より「100年フード」に認定された伝統食材であるが、飼育農家が減少して食文化継承が困難な状況となっている。我々は、うさぎ肉の栄養価改善と新たな利用法の開発に取り組んでいる。エゴマ油にはオメガ3脂肪酸のα−リノレン酸が豊富で、生活習慣病予防に有用であるが、この搾油残渣を飼料に活用することで、うさぎ肉の健康機能を高めることに成功した。さらに、学生発案の新メニューの開発を行い、

学生発案のうさぎ肉新メニュー
(肉味噌、串カツ、トマト・ファルシ)

2022年度には地元飲食店と試食会を共同開催した。

　また、一般には知られていない地域特有な農作物に焦点を当て、上小阿仁村の食用ほおずきを調査した。上小阿仁村は約30年前から全国に先駆けて観賞用ではない食用ほおずきの栽培を始めた。村の特産品となっており、甘酸っぱくて大変美味しいフルーツである。一方で、栽培農家の高齢化が深刻で、後継者不足が重い課題となっている。フィールドワークでは、農園や村営野外生産試作センターを訪問して現状の課題を確認し、道の駅かみこあにでは特産品としての活用法について考察した。現在、繁忙期に秋田大学の地域ボランティアサークルによる収穫の支援など、学生が考案した解決策を実行すべく計画中である。また、学生のアイデアで、食用ほおずき

Column コラム1

上小阿仁村における食用ほおずき農園の調査

をドライフルーツにして、チョコレートでコーティングした新しい加工食品を開発した。

その他、自治体と連携した共同事業を横手市で行ってきた。横手市雄物川町はスイカの産地であるが、廃棄される間引きスイカの活用に取り組んだ。学生とスイカの収穫に参加したが、炎天下での重いスイカの収穫が重労働であることを実体験した。研究の結果、小型の間引きスイカには通常出荷される大型スイカにはない高血圧抑制作用があることを見出し、健康食品素材としての活用を進めた。

同じく夏季に収穫される横手市大雄地区のホップの活用も検討した。こちらは軽いが、蔓性で4mくらい上に伸びるので、高い梯子上での収穫は難作業である。ホップは球花が苦味や香り成分としてビールの材料となっているが、葉や蔓は廃棄されている。これらも健康機能が高いので、健康茶やサプリメントとしての活用を行った。

また、これまで長年取り組んでいるのが、秋田の伝統的食用油であるアケビ油の復活事業である。他の地域では廃棄されているアケ

学生発案のアケビ果皮新メニュー
(アケビハンバーグ、アケビハンバーガー)

ビ種子から搾った油は、かつて江戸〜明治期には最高美味なものとされ、植物油の王様と呼ばれていた。我々がアケビ油の成分を分析したところ、通常の食用油とは異なった新規油脂が主成分であることを発見し、太りにくい性質を持つことが判明した。そこで、現代の消費者ニーズに適応した健康油としての開発を進めている。課題である原材料不足を解消するため、アケビの栽培化にも取り組んでいる。種子以外の部分を利用するための食品開発にも学生が取り組み、アケビ皮料理やアケビ果実ジャムなどを開発した。

　このように、秋田にはこれまで見過ごされていた食資源が多く存在する。通常の食品には不向きな場合でも、健康志向の優れた生理機能が見出せれば、付加価値の高い健康食品素材として活用できる可能性がある。特に、これまで未利用であったり廃棄されていたりしたものに着目することは、環境面においても、また低コスト化を志向した事業面からみても重要である。今後もこのような観点から地域の食資源を有効活用する研究を行うことで、学生参加型のリアルプロジェクトを推進していきたいと考えている。

第2章 秋田の植生

植物から見た秋田の自然

成田　憲二

植物から自然について考える

　この章では、秋田に広がる自然について、植物の視点からその概要や変遷などについて紹介する。秋田は「自然が豊かである」とか「多くの自然が残っている」といったことがよく言われている。自然を生かした地域の活性化がしばしば謳われているが、地域の活性化などに自然資源を利用するには、自然の現状やどのような特徴があるかなど、多くのことを理解しなければいけない。日本の自然を代表する森はこれまで様々に人によって改変されてきた。ほとんど人の手が及んでいない森も稀にはあるが、それは我々のご近所には存在しない。我々が普段見ている多くの森は、人が植えた木々が生えている森や、破壊された後に時間をかけて回復した森である。自然を利用するにはどんな自然がどこにあるのか、そういった知識が必要である。この章では、自然を理解するための基礎的な知識を身につけることが目的である。

　初めにこの画像を見ていただきたい。これは2023年5月に撮影された秋田周辺の衛星画像である。これを見ると秋田全体には広い緑色の部分とその中に入り組んだ茶色の部分があることがわかる。くっきりとした白い部分は高標高地帯の残雪で、北に広がる滑らかな白は雲である。秋田を広く覆っ

春季における秋田周辺の衛星画像
出典：European Union, contains modified Copernicus Sentinel data 2023.

ている緑色の部分は大部分が森林で、茶色の部分はまだ作物が成長していない耕作地・市街地・集落で、平野や盆地などを占め、河川に沿って細く続いている。森林部分をよく見ると、耕作地に近い部分がやや暗く濃い緑で標高が高い部分は明るい緑をしていることがわかる。これらの色の違いを作っているのは植物であり、その分布を決める要因に触れながら秋田の自然について説明していく。

気候と地形

　秋田の気候はいわゆる日本海型に属し、気温・降水量ともに主に海岸からの距離や標高によって変化する。年平均気温は海岸に近く標高の低い地域でやや高くおよそ11℃、標高が高くなるにつれて低温となり、山地の頂上では5℃を下回る場所もある。年間降水量は地形や標高の影響を受けて変わり、最も少ない海岸部が1,600mm前後で、鳥海山や森吉山、白神山地など標高が高い山岳では3,000mmに近い地点もある（気象庁 2020）。

地形

　地形図を見ると秋田は平野が少なく山地や丘陵地が大部分を占めていることがわかる。東部に奥羽山脈が南北に連なり、北部は白神山地、南部は丁岳山地が県の三方をおよそ1,000mの高さでとり囲んでいる。中央部には高度およそ400mの出羽丘陵が広がり、これら山地は県面積の4分の3を占める。代表的な山岳には東北有数の火山である鳥海山（2,236m）や八幡平（1,614m）、秋田駒ヶ岳（1,637m）、栗駒山（1,628m）などがある。主な平地は秋田平野と横手盆地、埋立地の八郎潟干拓地で、そのほかに河川流域の盆地や河岸段丘などがある。主な河川は、奥羽山脈を源とする米代川と雄物川と、鳥海山を源とする子吉川がある。米代川は花輪、大館、鷹巣の盆地をとおり能代平野を形成し日本海へ注ぎ、雄物川は八幡平を源流とする玉川と合流し、横手盆地と秋田平野を経て日本海へ注ぐ。大きな湖はカルデラ湖の十和田湖と田沢湖があ

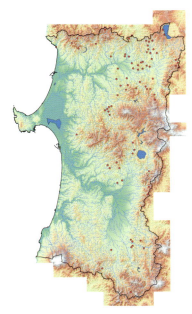

秋田県の地形図
赤点は主な旧金属鉱山の位置（出典：斎藤 1980）。国土地理院
10mメッシュ数値標高モデルよりQGISを用いて作成。

る。広大な汽水湖だった八郎潟は、大部分が埋め立てられてわずかな水面が残るのみである。

気候の変遷

　過去の気候変動は生物の分布に最も大きな影響を与える因子であり、現存植生の分布を理解し、今後の植生変化を予測するために重要である。現在を含む第四紀氷河期は4万年と10万年の周期で氷期と間氷期を繰り返している。この気候変動は生物の生息地を南北に変化させると共に、海水準を変化

させることで陸地のつながり方を変え、生物の移動域を変化させる。最終氷期であるヴュルム氷期には海水準が現在より100m以上低く日本列島は大陸とつながっていた。そのため、南方から熱を運び冬に多量の降雪をもたらす対馬海流が止まり、日本列島全体が寒冷・乾燥化し大陸性の気候になっていた。当時、日本海側の年平均気温は現在より5〜10℃低く、積雪量は1/3から1/4だった（Ono 1984）。

　この時期、秋田付近には現在北海道に見られるトドマツやエゾマツなどの針葉樹林が広がっていたと考えられる。約2万年前の最寒冷期の後、約1万年前に最終氷期が終わり、現在まで続く間氷期になった。地球が温暖化していく過程で海水準は100m以上上昇し、日本海に暖流が再流入することで日本周辺は温暖湿潤な気候に変化し日本海側では降雪が増加した。この気候の変化に伴い、低地ではブナが北上しながら分布域を拡大し東日本一帯で優占種となり（中静 2003）、ついでスギも次第に増加していった。日本海側の亜高山地帯では針葉樹林は衰退していきほぼ消滅し、それに変わってダケカンバやミヤマナラなどの広葉樹が増加していった。日本の高山植物は氷期に高緯度地域からやってきた植物である。氷期が訪れる度に様々な北極周辺の植物が日本まで分布を広げ、間氷期になると高山にだけ残り高山植生を形成した。日本各地の高山植物が互いに似ていて、高緯度地域に生育する植物が見られるのはこのためである。

生態系と植生

　地球表面には、温度や降水量といった気候や標高・地形・土壌などの違いにより非常に多様な環境が存在する。それぞれの環境には様々な植物・動物・分解者が周りの生物や環境と相互に関係を持ちながら暮らしている。ある程度の同じような環境の広がりに生息する多様な生物の集まりのことを群集（community）と呼び、群集とそれを取り巻く物理的環境をまとめたものを生態系（ecosystem）と呼ぶ。地球上には森林生態系、草原生態系、海洋生態系、河川生態系などその環境を反映した様々な生態系が見られる。我々は、これらの様々な生態系から食料や水などの供給や生活場所など「恵み」を受けている。例えば、森林は風を防ぎ日射をさえぎることで快適な空間を創り、土砂崩れを防ぐことで環境の安定化に貢献している。また、気温上昇を和らげ大気中の二酸化炭素を吸収・貯蔵している。最近では生態系の持つこれらの機能は「生態系サービス」と呼ばれ、これらのサービスに依存して人間社会は成立している。

　植物は光合成により、植物以外の多くの生物に有機物と酸素を供給する。また、植物は生態系の空間的な広がりと構造を形づくり、多くの動物は植物が形づくる空間を利用して暮らしている。植物による有機物の生産量と作り上げる空間構造の複雑さは、生態系の構造と多様性を決定する主要因である。

　地表を覆う様々な植物の集団のことを植生という。植生は環境に対応して様々に変化し、優占している植物のタイプや立地条件によって森林・草原などに大まかに分類される。こ

れら植生は人の手が加えられていない「自然植生」と、人によって改変された「代償植生」（または「二次植生」）に分けられる。現在、我々の周りに見られる植生を「現存植生」といい、現在の環境下で様々な立地条件に人の影響なしに発達すると考えられる植生を「潜在自然植生」という（宮脇 1983）。日本では多くの場所の潜在自然植生は森林である。人の手が入っていない森林を自然林、人が植えた樹木からなる森林を「人工林」や「植林地」という。また、これまで人の手が入っていないと考えられる自然林を特に「原生林」、火事や伐採などで破壊された後に自然に回復した森林を「二次林」、人の手によって維持されている草原を「二次草原」という。

　秋田は海岸線から高山までの幅広い環境を持ち、さらにそこに人の手が加わったことで様々な植生が見られ、これらの分布は地形図とうまく対応していることがわかる。低標高で平坦な場所の大部分には農地（黄色）と市街地などの人工的な植生（赤色）が広がる。河川に沿った狭い範囲には河畔林が見られ、沼地周辺や湿原などの湿った場所には草原が広がっている。低地に近い斜面にはスギ植林地（茶色）やコナラやミズナラの二次林（薄緑色）が多く、さらに高い場所にブナ林の自然林（緑色）が見られる。ブナ林は次第に亜高山植生（濃緑色）へ移り変わっていき、ハイマツ低木林やお花畑と言われる高山草原（紫色）となる。海岸付近には砂丘草原や海岸草原があり河岸氾濫原にも草原が見られるが面積はわずかである。点在する白い部分は伐採跡地を示す。現在の森林面積は約81.4万haと県内面積の70％余りを占めるが、その半分

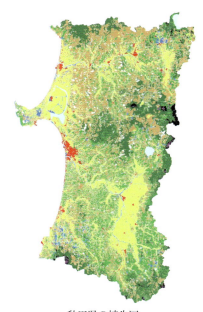

秋田県の植生図
1/50,000植生GISデータ（環境省生物多様性センター）を使用しQGISにより作成

近くをスギなどの人工林が占めており、残りは落葉広葉樹林でその半分は伐採など様々な人為的影響を受けた二次林である。人の手が加わっていない自然林は県面積の約17%、およそ20万haである（林野庁 2015）。

次に、秋田に見られる代表的な植生の概略を説明する。特に、森林植生についてはやや詳細に説明する。

森林植生

かつて県内の大半は、海岸部や湿地、河川周辺など樹木の生育に適していない場所を除いてスギなどの針葉樹を交えた

落葉広葉樹の森林に広く覆われていた。森林は現在も県内の生態系の中枢をなす重要な存在であり、様々な生態系サービスを通して我々の社会を支えると共に多くの動物にすみかと食料などを提供している。

　東北地方の落葉広葉樹を代表するのはブナとミズナラであるがブナの方がより低温に強く標高の高いところまで広がる（沼田・岩瀬 2002）。現在、秋田に見られる落葉広葉樹林のうち自然林の多くはブナ林で、残りは伐採など様々な人為的影響を受けた二次林である。人里に近い落葉広葉樹の二次林には薪炭林として使われていたクリやミズナラなどが優占しており、他にはコナラ・カエデ・トチノキ・カツラなどの広葉樹が見られる。落葉広葉樹の林床（地表近く）には、季節ごとに多くの草本植物が見られ、特に雪解け直後には、カタクリなどの春植物と呼ばれる草本たちが一斉に咲きとても美しい。次に秋田の主要な森林植生であるブナ林とスギ林について詳しく述べる。

　日本の冷温帯のやや標高の高い山地帯と呼ばれる場所には落葉広葉樹林が広がっている。その代表がブナ林であり、九州南部の山地帯を南限に北海道南西部を北限として分布していたが（Momohara & Ito 2023）、多くがすでに伐採されてしまった。秋田付近では、標高約350mから分布し400〜600m付近でもっとも優占する。ブナ林内にはホオノキやイタヤカエデなどが見られ、沢沿いにはカツラやサワグルミが多く見られる。ブナ林の林床には、積雪の少ない太平洋側ではスズタケが、降雪が多い日本海側にはチシマザサが密生している。

春先の太平山のブナ林

　ブナの堅果は栄養価が高くクマをはじめリスやネズミなどの多くの動物にとって重要な食料資源である。秋田では、丘陵地と山岳中腹にブナ林が比較的豊富に見られ、太平山から森吉山、秋田駒ヶ岳までの広い山地帯や鳥海山周辺の丁岳山地、出羽丘陵の山々には多くのブナ林が残っている。そのなかでも青森と秋田にまたがって広がる白神山地にはほぼ人の手が及んでいないブナ原生林が国内でも類がない規模で広がっており、その希少性により1993年に世界自然遺産に指定されている。秋田付近を含む北東北地方では低地のブナ林はほぼ残っていないが、秋田市手形山には直径1m近い個体が複数ある小規模なブナ林が残っており、周辺にはブナの小径木や稚樹も多く見られる。

　スギは日本を代表する針葉樹でかつ日本の固有種であり、青森から鹿児島県屋久島まで広く分布している（林 1951）。スギの垂直分布の上限はその地域の標高と積雪量などで決ま

白神山地世界自然遺産・核心地域におけるブナ林の様子

り、東北地方では1,000m前後、本州中部地方では2,000m前後である。県南部の子吉川付近では広葉樹林内に点在する程度と数は少ないが、北に向かって次第に数が増える。秋田のスギ林は日本三大美林の一つとされ、16世紀頃は秋田の山地をスギの巨木林が広く覆っていたとされる。特に米代川流域には、現在の能代市仁鮒水沢学術参考林に見られるような樹高60m近い巨木を含む広大なスギ林が広がっていたと考えられる（越前谷 2018）。現在の天然秋田スギは米代川流域の中〜下流部および雄物川流域に分布するほか、男鹿半島、秋田市仁別、森吉山、鳥海山などにも見られる。普段我々が見るスギの純林は植林したものであり、本来ブナなどの広葉樹と混成した植生を形成する。これらの多くは17世紀から18世紀にかけて伐採され、その後の植林や自然更新により再生したと考えられている（太田他 2007）。森吉山南東にある桃洞（とうどう）のスギ林は天然林として近接する佐渡スギとともに「桃

仁鮒水沢学術参考林にみられるスギの巨木たち

洞・佐渡のスギ原生林」として国の天然記念物に指定されているが、やはり伐採後に更新したものであると考えられる（越前谷 2018）。

亜高山植生

　標高およそ1,200mでブナは次第に数を減らし、より寒冷な環境に適応した樹木で構成される亜高山帯森林へと移り変わっていく。日本列島の亜高山帯林には、シラビソ・トウヒ・コメツガなどの常緑針葉樹が優占する森林が形成され、八幡平など奥羽山脈の山地や森吉山ではオオシラビソがササの中に多く見られる。しかし、鳥海山などの日本海側の山地では多雪のため針葉樹が生育しにくくダケカンバやミヤマナラ、ミネカエデなどの落葉広葉樹が優占している。これらの樹木は、標高が上がるに従い積雪のために地表を這うような樹形になることがある。このようなブナ林から亜高山性広葉樹林

田代平・烏帽子岳付近の亜高山植生

への移り変わりは県内の比較的標高の高い多くの山岳で見ることができる。亜高山植生はブナ林と高山植生に挟まれているためこれら二つの植生に生育する低木や草本が多く見られる。

高山植生

　亜高山帯の上部、樹木が生育できる限界より高い場所に成立するのが高山植生である。低温・強風・多雪・土壌の貧栄養・強い紫外線など、植物の生育に不利な要素が増加するため、高山植物はこのような環境に適応した特殊な植物だと言える。秋田付近では高山植生は標高約1,600mから見られる。高山植生は主にハイマツ低木林、風衝草原、雪田草原といった丈の低い植物で構成されている。日本海側の高山では、冬季の強い季節風を受けしばしば数メートル以上の積雪が見られ、強い季節風が当たる場所は雪が吹き飛ばされ積雪が少ない風

鳥海山・鳥海湖周辺のお花畑

衝地となり、その風下側に多量の雪が積もる雪田ができる。風衝地は、冬は厳しい低温にさらされ、夏の間も強い風と乾燥のために植物の生育には厳しい環境だが、雪が少ないため春早くから成長でき生育期間が長い環境である。雪田は、積雪の保温効果により冬季に植物がいる土壌表層はほぼ0℃に保たれている。雪解けが遅いために生育期間が短くなる反面、春には融雪からの豊富な水分が植物の生育を助ける。秋田の代表的な高山の植生は秋田駒ヶ岳や鳥海山などに見られる。

　亜高山と高山の植生は、日常生活圏から離れて位置し気象条件が厳しく農業に不適であることや、木材として利用できる樹木がなかったため、比較的人の手が入っておらず、自然性の高い生態系が維持されている。これら生態系は、おおむね標高1,100m～1,200m以上の高標高地に点在しており、八幡平・駒ヶ岳一帯や鳥海山地域を除いていずれも小面積で連続性が少ない。

草原植生

　気候的に日本にはいわゆるサバンナのような草原はないが、河川周辺や海岸付近など樹木が生育できない場所には草本が優占する自然植生が見られる。池や沼の周囲のススキ草原や、山地に広がるササや海岸砂浜に広がる植生、男鹿半島などの海岸崖付近にも草原植生が見られる。現在秋田に見られる比較的大規模な草原植生は人工的なものがほとんどで、代表的なものには寒風山のシバ・ススキ草原やにかほ市の冬師がある。また集落周辺にはかつて牛馬のための放牧地や肥料を作るための頻繁な刈り取りや火入れなどによって維持されていたススキなどの草地が広がっていたが、現在では利用されなくなり次第に林に置き換わりつつある。

湿原植生

　陸地のうち常に灌水しているか一時的に灌水する土地を湿地といい、そのうち植生に覆われているものを湿原とよぶ。湿原は大きく高層湿原と低層湿原の2つに分けられる。高層湿原は塩類の供給の乏しい低温・過湿の場所に発達する湿原で、主に亜高山帯より高標高の地域に多い。これに対して低層湿原は周囲から水の供給を受ける湿原で、主に低標高の地域に発達する。秋田には、河川付近や湖沼周辺、山地の平坦な場所に小規模な湿原が存在していた。平野の湿原の多くは耕作地として利用されて多くは消滅したが、山地を中心にいくつかの湿原が残っている。山地の代表的な湿原には田代湿原をはじめ、鳥海山や八幡平、栗駒山などに見られる湿原群

藤里駒ヶ岳麓に広がる田苗代湿原

があり、低標高の台地に残ったものに仁賀保高原や南由利原などの湿原群がある。湿地はその立地の特殊性により一度破壊されるとそこに生育する植生の回復が非常に困難である。残り少ない低層湿原は人間活動が活発な場所に近いため、農業などの開発や人の立ち入りにより絶滅が危惧される種が多く見られる。

人の活動による植生への影響

　農業をはじめ林業・工鉱業などの人の活動は、自然生態系・植生に対し直接・間接的に非常に強い影響を及ぼす要因である。改変を受けた植生は、改変の規模や改変の強度、改変からの経過時間の違いによって異なる回復過程を示す二次植生となる。秋田の植生がこれまでにどのような改変を受けてきたか、スギ植林の歴史と鉱山開発の例に加えて、里山での植生の回復を紹介する。

日本の三大美林の一つと言われている天然秋田杉は、200年前にはすでに多くが切り尽くされていた。1808年、久保田藩財政方吟味役　加藤景林は以下のように述べている。「1750年代に成熟した樹木の混成林だった林は、今は藪があるだけだ。当時の藪は刈り取られ、今は植物の無い丘になっている。人が近寄りにくい斜面でさえ大木は残っておらず、山火事によって藪も樹木も焼き尽くされ、禿山と化した場所をすべて数えるのは難しい。1805年の改革以前の45年間で、材木用樹木の10本中9本が、雑木の10本中7本が焼失した」(Totman 1985)。

　このような状況から現在見られる大面積のスギ植林地に至った変遷を、江戸時代における森林行政の歴史をとおして見てみよう。天然秋田杉は、1590年代の豊臣秀吉の需要に始まり、17世紀の全国的に急増した需要を満たすために伐採され、1660年頃にはすでに材木の過剰伐採が起こり薪と材木が不足していた。その後も建材や燃料、鉱山の薪炭材、緑肥や飼料などの需要を満たすために森林は伐採され続け、多くの森林が草原や藪となり荒廃した。18世紀に入ると、久保田藩は、様々な土地利用の規制と伐採制限などの強化を目的とした大規模な森林改革を行い、植林を初めて森林政策の中心としたが、木材生産量の減少は続いていた。1802年以降になって、択伐・輪伐を基本とする森林経営を推進した結果、その数十年後は植林が広く行われ、多くの地域でスギの植林地が徐々に回復し、秋田の木材生産は増加の一途をたどっていった。明治以降、大震災などの自然災害や大戦とその後の復興のため、スギの需要が拡大し皆伐と一斉植林が繰り返された。秋

田では民有林において1968年から7年間に渡り年間1万ha
の植林が行われたが、輸入材によりスギの経済的価値は失わ
れた。以上のような経緯により、秋田の森林の半分がスギ植
林地となった。現在、多くのスギ植林地は伐採時期を迎えて
いて、東日本大震災からの復興や地球温暖化対策として、秋
田では各地でスギの皆伐が進められている。

　大規模な金属鉱山は多量の薪炭材を消費し森林消失を引き
起こし、精錬の過程で排出される亜硫酸ガスを含む排煙によ
り周囲の樹木を枯死させた歴史がある。秋田には、708年に
尾去沢鉱山が発見されてから太良鉱山や阿仁銅山、院内銀山
をはじめおよそ248の金属鉱山があった。日本有数の院内銀
山奉行であった梅津政景の1621年の院内銀山に関する記述
には、「院内山の山には木が残っていないため西馬音内まで
行き木を切るよう指示」「矢島領境まで木を切り尽くし雄勝の
方も道から峰まで及位（最上郡）の境まで木を切り尽くした」
などがあり、炭を得るための大規模な森林伐採により森が荒
廃していたことが窺える（渡部 1994）。

　1861年から1991年まで操業されていた小坂鉱山の排煙は、
最盛期の20世紀初頭には、青森県や岩手県県境にまで及ぶ
およそ5万haの地域に被害を与えた（十和田営林署経営課
1958）。影響を受けた田畑の総面積は2,206haで地域全体の
86％、国有林では1.4万haが裸地化するなどの被害を受けた
（岡田 1990）。

　近年、農村とその周囲の二次林などは里山生態系として捉
えられ様々な視点から評価されている（吉良 2001）。里山と

出典：国土地理院　米国陸軍撮影（1948年）の航空写真

出典：Google Earth. @2024 Airbus

秋田市近郊・手形山に見られる里山の植生変化

は、狭い意味では自然が豊かな奥山に対し人里近くにある二次林を指すが（四手井 1995）、人の働きかけを通じて形成・維持されてきた農地や農村周辺の薪炭林、草地、ため池などをまとめて里山生態系と考えることもできる。ここでは農地

周辺の二次的な森林と草原を取り上げる。秋田は山地が多いため、農地が丘陵地と接していることが多い。これら丘陵地には燃料や肥料を取るための草地、柴地などの二次植生が広がっていた。20世紀中頃から生活様式の変化と農業が廃れるに伴って農村での急激な人口減少、高齢化が進行し、人に利用されなくなった里山は急激に変化していった。その例として、秋田市周辺の丘陵地での植生変化を追ってみよう。明治期の地形図によると、これら丘陵地の多くには荒地や草地などの植生が広がっていたことがわかる。また、第二次大戦敗戦直後でも、まだ広い面積が草原や低木林に覆われていることが航空写真からわかる（前ページ写真(a)）。その後次第に樹木が増えていき、今ではほぼ全域がクリ・ミズナラ林やスギ植林地となっている（前ページ写真(b)）。我々が市街地近郊で見る緑の多い景観は、つい最近回復した二次林なのである。このような森林はツキノワグマをはじめ、ニホンジカ・カモシカ・キツネなど多くの野生動物たちの生息域になっている。植生が森林へと回復するに伴い野生動物も戻ってきたのかもしれない。これを里山の荒廃と考えるか自然の回復と考えるかは意見が分かれるだろうが、今後もこのような生態系の変化はどんどん進んでいくだろう。

秋田の自然は豊かなのか

　秋田に見られる自然の特徴は何か、豊かな自然を持っているのだろうか。これに答えるため、植生に関する様々な数値により他の都道府県と比較してみよう。

手形山で自動カメラによって撮影された動物

　日本全体の森林面積は約2,500万haで、国土の67％に当たる。もっとも森林が多い都道府県は北海道（約554万ha）で、ついで岩手（約117万ha）、長野（約107万ha）で、秋田の森林面積は83.9万haで全国7位である（林野庁 2015）。この値は当然都道府県面積が広いほど多くなるので、各都道府県面積に占める割合を用いた森林率を見ると最も森林率が高いのは高知（84％）で、ついで岐阜（81％）、長野（79％）と続き、秋田の森林率は72％で全国14位である。つまり全国レベルで見ると、秋田はまあまあ森林が多いと言える。また、森林に対する自然林の割合で見ると、秋田では森林のうち自然林の割合は51％でありほぼ半分が植林地である。この値は全国30位である。秋田には森林があるけれど、その半分はスギ人工林ということである。次に、人による影響の度合いを考慮した観点から、秋田の自然を比較する。現存植生を潜在植生と比較することで人の影響の度合いを評価した植生自然度と

いうものがある（環境省 1999）。自然草原・高山植生・自然林を自然性の高いものとし、住宅地・工場などを自然性の低いものとして現存植生を10段階に評価したものである。秋田の各植生自然度の面積割合を見てみると、自然度10の高山植生や自然草原の面積比率は0.9％で（全国1.1％）、主にブナ林からなる自然度9の天然林は16.3％（同17.9％）であり、これら2つの自然植生を合わせた面積比率は全国9位である。また、自然度8のブナやミズナラの自然に近い広葉樹二次林は2.5％と全国（5.3％）の半分程度である。

　秋田には人工的な林が多いことが特徴で、自然度6の造林

植生自然度による秋田県の自然の様子

植生自然度	概　要	説　明	秋田	全国
1	市街地、造成地、工場地帯など	植生の殆んどない地区	2.5%	4.3%
2	農耕地（水田、畑地）	水田、畑地等の耕作地。緑の多い住宅地	19.3%	21.1%
3	農耕地（樹園地）	果樹園、桑園等	0.8%	1.8%
4	二次草原（背の低い草原）	シバ群落等の背丈の低い草原、伐跡群落	3.4%	2.1%
5	二次草原（背の高い草原）	ササ・ススキ群落等の背丈の高い草原	0.2%	1.5%
6	造林地	スギ等の植林地	32.9%	24.8%
7	二次林	クリーミズナラ等の二次林	20.1%	18.6%
8	自然林に近い二次林	ブナやミズナラ等の再生林	2.5%	5.3%
9	自然林のうち極相林に近い天然林	ブナ等の自然林	16.3%	17.9%
10	自然草原（自然草原・湿原）	高山ハイデ、風衝草原、草原等の自然植生	0.9%	1.1%
その他	自然裸地・開放水域等		1.0%	1.5%

資料：環境省「第5回自然環境保全基礎調査・植生調査報告書」より改変

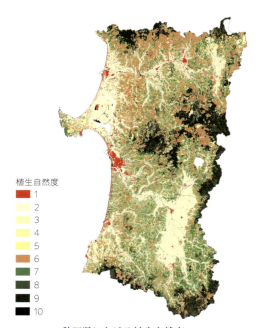

秋田県における植生自然度
出典：1/50,000植生GISデータ（環境省生物多様性センター）
　　　を使用しQGISにより加工して作成した

地の比率の全国値が24.8％に対して秋田は32.9％とかなり多く、また自然度7のクリやミズナラの二次林も20.1％と全国（18.6％）より多く見られる。このように植生自然度から見れば多くの植生が人の手が入った二次林と植林地であり、自然植生の代表である高山・亜高山植生や天然ブナ林はそれほど多くはないと言える。

　最後に、優れた価値を持つ自然として保護されている地域の面積で評価をしてみよう。秋田には山岳地帯を中心に豊かな自然が残っており、これらは我々と子孫に残された貴重な

秋田県にある自然公園と自然環境保全地域
出典：国土数値情報ダウンロードサイト・自然公園地域

自然資源であり、野生動物にとっては人の破壊からわずかに残された貴重なすみかである。それらの自然の保護と利用を目的として指定されたものが自然公園である。現在、秋田には「十和田・八幡平国立公園」・「男鹿国定公園」・「鳥海山国定公園」・「栗駒山国定公園」の4つの国が指定した自然公園があり、さらに県が指定した8地域の県立自然公園がある。また、自然公園とは別に、原生の状態や優れた自然環境を維持している地域を後世に伝えることを目的として指定された自然環境保全地域がある。秋田には国が指定した白神山地のほ

か県によって指定された18の地域がある。これらの面積を同じように比較すると自然公園の面積は12.4万haであり面積比率は全国36位、自然環境保全地域の面積は823haで、その面積比率は全国26位である（令和5年3月現在）。以上のことから秋田にはブナ天然林は部分的に残っているが、多くの森に人の手が入ったことでそれほど自然が豊かである、とは言えないのではないか。

　以上、秋田の自然について植物の視点から大まかに説明してきた。「自然が豊かな秋田」というイメージと現実の自然には少なからずギャップがあることが分かったのではないか。しかし、里山の禿山や草地がわずかな時間で二次林に変化したことからわかるとおり、植生は短い時間で回復していく。現在の自然度7や8の広葉樹林が、人の利用から解放されより自然な森林に回復していくのは確かである。これら二次植生を様々な開発のための利用可能な場所とするか、より豊かな自然林への回復を見守っていく場所とするか、さらに気候変動による植生変化や動物を含めた生物多様性の保全など多くの環境問題を含めて、我々が自然に関して考えるべきことはたくさんあると思われる。

引用

越前谷 廉 2018 自然と人を尊重する自然史のすすめ 海青社
　　ISBN：9784860999964／9784860993412

岡田 有功 1990 小坂鉱山煙害問題と反対運動：1901〜1917年 社会経済
　　史学 56（3）：375-405

太田 敬之、正木 隆、杉田 久、金指 達郎 2007 年輪解析による秋田佐渡スギ天然林の成立過程の推定 日本森林学会誌89（6）：383-389 DOI;https://doi.org/10.4005/jjfs.89.383

Ono, Y. 1984 Last glacial palaeoclimate reconstructed from glacial and periglacial landforms in Japan. Geographical Revirew of Japan, 57:87-100

環境省 1999 第5回自然環境保全基礎調査植生調査報告書

気象庁 2020 平均値メッシュデータ https://nlftp.mlit.go.jp/ksj/gml/datalist/KsjTmplt-G02-v3_0.html

吉良 竜夫 2001 森林の環境・森林と環境―地球環境問題へのアプローチ 新思索社 東京

国土地理院基盤地図情報 「数値標高モデル」

国土地理院 「地図・空中写真閲覧サービス」

斎藤 實則 1980 鉱山と鉱山集落―秋田県の鉱山と集落の栄枯盛衰― 株式会社大明堂 ISBN4-470-53010-1

四手井 綱英 1995 私と林業技術（特集 林業技術問題（I）） 林業経済 48（3）:1-8 ISSN 2189-6801

Totman, C. 1985 The Origins of Japan's Modern Forests: The Case of Akita. University of Hawai'i Press. https://doi.org/10.2307/j.ctvp7d4vm

十和田営林署経営課 1958 小坂経営区の特殊現象と治山 蒼林 97:99-113

中静 透 2003 温帯林「生態学事典」（厳佐庸他編）共立出版 52

沼田 誠、岩瀬 徹 2002 図説 日本の植生 講談社

林 弥栄 1951 スギの天然分布概説 林試研報 48:146–155

Momohara, A., & Ito, A. 2023 Biogeographic and environmental history of Fagus and beech-dominant forest in Japan. Ecological Research, 38（2）:236–254. https://doi.org/10.1111/1440-1703. 12389

宮脇 昭 1983 緑の証言 東京書籍

林野庁 2015 平成27年データ 都道府県別森林率・人工林率 https://www.rinya.maff.go.jp/j/keikaku/genkyou/h29/1.html）

渡部 景一 1994 秋田藩の自然と文化 無明舎出版

Column コラム2

大仙市の健幸まちづくりプロジェクト

西川　竜二

　高齢社会における住民の健康増進は、個人の生活の質の向上と医療費軽減による家計の助けにもなり、地域社会の活力および増大する公的医療費の抑制も期待される。秋田県大仙市では地元の健康関連企業と連携して、市民と市内で働く希望者を対象に参加者全員に活動量計を無償配付して、子どもから高齢者まで誰もが取り組める「歩くこと」を基本にした健康プログラムにより健康的なまちづくりを目指す「健幸まちづくりプロジェクト*」を2020年から進めている。

　私は、地域の気候風土に適応した健康快適な居住環境の創出を目指した教育研究を行っている。そこで、大仙市のプロジェクトの担当部署である健康福祉部健幸まちづくり推進室との協力により、「地域学基礎」の講座を2021年度に開設し、学生10名が参加した。

　この講座では、活動の当初に推進室長からプロジェクトについて、全市民の約8万人を対象とした国内初のヘルスケア事業であることや住民の歩行量の増加で期待される行政の医療費抑制効果（1日1500歩の増加で1年間に一人当たり33,397円、1万人の参加で約3億円の抑制）、参加者数の現状や当該年度の事業予定等の説明を受け、若い世代の参加を促す方策を考えてほしいとの課題をいただいた。7月には、土曜日の午前中に大曲花火大会の会場でもある河川敷のコースを市民の約300人が自分の好きな時間とペースで歩くイベント「健幸モーニングウォーク」に参加した。我々の講座では、参加者への熱中症の予防啓発の自作のチラシ配布、およびコースの「暑さ指数」の測定とその掲示による注意喚起を行うブースを開いた。当日は雲一つない快晴で早朝からかなりの暑さだったため、日向の暑さ指数の値は28℃以上31℃未満の「厳重警戒」が多く、31℃以上

の「危険」の時もあり、注意喚起は有用だった。また、学生が参加者と一緒に歩きながらのインタビューも行った。学生たちは参加者の健康への意識の高さや元気に触れる一方で若者の参加者がいないことも実感した。その中に大学生が混ざって活動している様子は、現場に活気を与えていた。10月には、大曲の中心市街地をまち歩きしながら地域の歴史をクイズ形式で学ぶ「地域の魅力再発見！クイズで散策大曲」（企画部地域活動応援課の事業、大曲史学会の戸嶋さん講師）の若者モニターになり意見交換を行った。学生からは、「日本史や地理で勉強したようなことを実際に感じられる場所があって面白い」、「普段は通らない小路に入ると新たな発見ができた」、「昔の写真で今より活気のある様子を見て活気を取り戻したい」等の感想が出た。街並みや風景に潜む地域の歴史や地理の事象に気付きながらの散策は、県外出身者だけでなく県内と地元出身の学生も楽しめる内容だった。

　そして、これらの学習と体験も踏まえ、秋田大学生の歩く習慣と健康意識に関するアンケート調査、および自分達も歩きたくなる大曲地域のウォーキングマップ作成を行った。アンケートの結果からは、ウォーキングや散歩等の積極的に歩く習慣がほとんどない人が6割で、歩く目的は通学が最多の5割だったが、次いで気分転換に歩く人も4割いることが分かった。そこで作成したマップでは、駅を起点に気分転換になる風景や場所も取り入れる内容とした。最後に、活動の成果を市の推進室と地域活動応援課の皆様に報告した。受講を終えた学生の感想は、「地域の自治体の事業について考える授業は初めてで新鮮だし緊張感もあった」、「歩くことと健康の関係や大仙市の歴史・良さについて知ったり気付けた」、「行政の取り組みなどの情報を積極的に取りに行って周りにも伝える媒体にもなれるといいと思った」、「大仙市の方と意見交換や提案をして地元の活性化に少

コラム2　大仙市の健幸まちづくりプロジェクト　61

Column コラム2

し携われている感じがして嬉しかった」等があり、大学内での講義だけでは得られない学びと気付きがあった。

　地元の自治体と協働する講座内容は学生にも人気で、講座の受入定員の2倍の応募があった。今後も地域の自治体・団体等のご協力もいただきながら地域の人や課題と向き合った人材育成を行いたい。

＊健幸（けんこう）

　「健やかで幸せな生活」を意味する造語。高齢化・人口減少社会で各自治体が目指すべき住民の姿を、「医学的に健康な状態のみならず、地域において社会参加している」状態としてSmart Wellness City首長研究会が定義し、健幸なまちづくりに取り組んでいる。講座を開設した2021年当時で全国の43都道府県112市町村が参加し、秋田県では大仙市と男鹿市が参加していた。

ウォーキングイベントで「暑さ指数」の測定と熱中症の予防啓発をする学生の活動の様子

参加者へのインタビュー

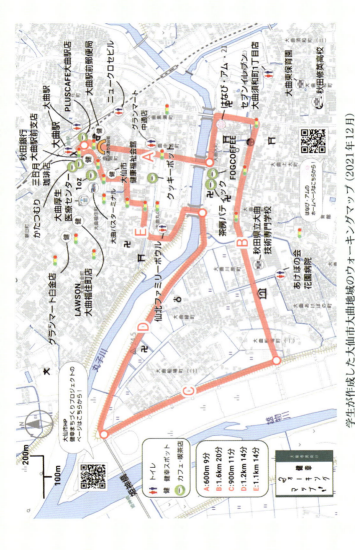

区間A〜Eまでのコースの全長は約5.4km、全体の所要時間は約70分間。所要時間は1分間あたり80mの速さで歩いた場合（時速4.8km）。

コラム2　大仙市の健幸まちづくりプロジェクト ｜ 63

第3章 秋田の災害

明治以降の地震災害史探訪

水田　敏彦

地震災害の歴史から学ぶ

　我が国の自然災害史上最大の人的被害をもたらしたのは1923年（大正12年）関東大震災（死者・行方不明者約10万5千人）である。この88年後に発生した2011年（平成23年）東日本大震災では、災害関連死を含め2万2千人を超える死者・行方不明者が生じた。これらの地震がもたらした未曾有の被害を忘れることなく、多くの反省や教訓を生かし、過去の災害から学ぶことが地域の防災にとって重要である。このような地震災害は、地震の種類によって2つのタイプに分けられる。一つは内陸直下地震によるもので、地震が陸地の直下で発生するため、震源付近では非常に強い揺れを伴う。人口が集中する都市直下で発生した場合には、揺れによって多数の住宅を破壊し、多くの犠牲者が出ることがある。また、山地付近で発生した場合には斜面崩壊を引き起こし、道路や河川をふさぐ等大きな被害をもたらす場合がある。近年では1995年（平成7年）兵庫県南部地震や2016年（平成28年）熊本地震がこれにあたる。二つ目のタイプは海域で発生する地震によるもので巨大地震になることが多く、強く揺れる地域が広範囲におよぶ一方、震源が海底下にあることから、陸上からは距離があり地震による揺れは一般的に少し弱めである。し

かしながら、震源が海底下にあるため大津波を発生させ、そ
れによって多くの犠牲者が出ることがある。東日本大震災を
引き起こした2011年（平成23年）東北地方太平洋沖地震が
このタイプの地震である。

　日本は世界有数の地震国で秋田県においても例外ではな
く、これまで多くの被害地震が発生している。表1は明治
以降に発生した地震で「日本被害地震総覧（2013年）」に記録
されている秋田県の被害地震を示したものである。特に19
世紀の末から20世紀の前半に秋田県は相次いで大きな内陸
直下地震に見舞われている。まず1896年（明治29年）に横手
盆地の直下で陸羽地震が発生し、そして、この地震の18年後
にあたる1914年（大正3年）に秋田仙北地震が発生、それか
ら25年後の1939年（昭和14年）には男鹿半島の直下で男鹿
地震が発生した。ここではこれら3つの地震を取り上げる。
これらの地震災害は、秋田県の災害史全体からみれば一部に
過ぎないが、現代にも起こりうる地震災害に対して多くの教
訓を学ぶことができる。過去の事例から震源の浅い直下地震
が、如何に壊滅的な災害を招いてきたか、当時の震災の惨状
と共に読み取っていただければ幸いである。

1896年陸羽地震

主な被災地と被害

　陸羽地震は1896年（明治29年）8月31日17時6分に横手
盆地東縁断層帯の北部とその東方の真昼山地東縁断層帯の一

表1　明治以降秋田県に被害のあった主な地震（1894年～2011年）

発生日	M	地震名、震央	秋田県の被災地
1894.10.22	7.0	庄内地震	由利郡
1896.08.31	**7.2**	**陸羽地震**	**仙北・平鹿・雄勝郡**
1901.08.09	7.2	青森県東方沖	小坂、毛馬内
1906.10.12	5.4	秋田県北部	阿仁合
1914.03.15	**7.1**	**秋田仙北地震**	**仙北・由利・平鹿郡**
1939.05.01	**6.8**	**男鹿地震**	**男鹿半島**
1955.10.19	5.9	二ツ井地震	二ツ井、響
1964.05.07	6.9	男鹿半島沖	男鹿半島、八郎潟
1964.06.16	7.5	新潟地震	日本海沿岸
1964.12.11	6.3	秋田県沖	八郎潟
1968.05.16	7.9	1968十勝沖地震	鹿角郡
1970.10.16	6.2	秋田県南東部	東成瀬、山内
1982.01.08	5.2	秋田県中部	阿仁
1983.05.26	7.7	日本海中部地震	日本海沿岸北部
1996.08.11	5.9	鬼首付近	雄勝郡
1999.02.26	5.1	象潟付近	象潟
2008.06.14	7.2	岩手・宮城内陸地震	湯沢、横手
2011.03.11	9.0	東北地方太平洋沖地震	湯沢、横手
2011.04.07	7.2	宮城県沖	仙北・平鹿・雄勝郡

※**太字**は本書で取り上げた地震　M：マグニチュード

部で発生したマグニチュード7.2の内陸直下地震である。この地震は被災の中心の地名から「六郷地震」とも呼ばれている。被害は死者205名、負傷者736名、住家の全潰5,682棟、山崩れ9,899箇所等と記録されている。これは明治以降に発生した秋田県の自然災害の中で人的被害が最も多い。陸羽地震の被害は、その殆どは地震による強い揺れによる内陸直下

地震の典型的なもので、震源付近や平野部では非常に強い揺れに見舞われ、建物の倒壊、さらに山地の斜面崩壊が非常に多く発生したほか、崩壊による河川のせき止めも見られた。地震による堰止湖（地震湖）は2004年（平成16年）新潟県中越地震の災害で大きくクローズアップされたが、その90年も前に同じ被害が秋田県で生じていたことになる。なお、これらの断層帯に平行する北上低地西縁断層帯の南側の領域で2008年（平成20年）岩手・宮城内陸地震が発生している。また、直前の地震として、陸羽地震発生の2ヶ月半前の1896年6月15日には明治三陸地震津波が発生しており、岩手県沿岸部では甚大な被害を受け復興の最中で、沿岸部町村では再度の地震の発生が大きく捉えられている。巌手公報（現在の岩手日報）の記事に、釜石町午後7時の時鐘に惑わされ「狼狽の極町民は右往左往に逃げ迷ひ」町民は「又もや海嘯或は地震の襲来かと恐怖の余り戸板を並べ或は莚を敷き戸々の前に丸飯を用意し夜を徹し」と記載されている。

　図1は陸羽地震の市町村別被害分布図である［水田・鏡味（2009a）］。なお、岩手県側については被害の集中した村境界を破線で表し、集落ごとの被害分布を示している。陸羽地震は横手盆地全域に強い揺れをもたらし多くの住宅に被害を及ぼし、被害の範囲は広く秋田県側は秋田市、南秋田郡、河辺郡の日本海側にまで達し、全潰率30％以上の町村は仙北郡の南東部の平野部に広がっている。また、死者はアンダーラインを付けた町村で発生しており、全潰率30％以上の地域およびその南側の平鹿郡に広がっている。住宅被害について、

秋田震災誌［秋田震災救済会（1897）］に建築年代との関係が多く報告されている。被害の甚大であった畑屋村では築200年のもの10戸100年のもの150戸と古い家屋が多く、古いものに被害が集中したとしており、他の町村でも同じ傾向が見られたとしている。被害が集中した地区内の街道沿いの中心地である六郷町では60年前の大火で過半が焼失し新しい建物が多かったが被害は古い家屋に集中したとしている。

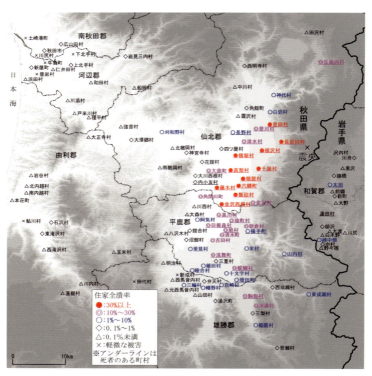

図1　1896年陸羽地震の被害分布

美郷町(旧千畑町)にある地震の痕跡

 陸羽地震では地震によるずれの痕跡である千屋断層が地表に現れ、今でも痕跡を見ることができる。真昼山地の秋田県側には千屋断層、岩手県側には川舟断層がそれぞれ出現している。現在、美郷町にある坂本東嶽邸(美郷町指定文化財)の入口付近より少し歩き山側を見ると、水田にのり上げた千屋断層(国指定天然記念物)を見ることができ図2に示す。この地震を引き起こした断層の一部であり、このような地震の繰り返しによって、隆起する側が奥羽山脈の一部を形成している。

図2 美郷町(旧千畑町)にある地震の痕跡
(写真奥、山側の地面が地震によって隆起している)

人的被害の発生状況

　陸羽地震の人的被害の発生状況や原因については、秋田震災誌［秋田震災救済会（1897）］の中に死傷者発生の惨状を仔細に記した「惨話」があり、犠牲者一人一人について記録され、秋田県内の死者数205名のうち194名の人的被害の発生状況が明らかにされている［水田・鏡味（2009b）］。陸羽地震は午後5時頃に発生し、多くの人々が田畑で農作業を行っていたために、家族全員が在宅していた場合は少なく、また、夕食の支度をする時間にあたり、台所での犠牲者が多くなっている。家屋の倒潰による死者について、最も大きな被害を出したのは仙北郡千屋村で、345戸の家屋が倒潰し28名が死亡している。人的被害の発生状況としては、避難の遅れ32名が最も多く次いで避難中の転倒が26名と避難開始後短い時間で家屋が崩壊したケースが多くなっている。家屋倒潰による死者は全体の91％を占める。このように家屋の倒潰とそれに伴う圧死者が多数発生し、午後5時頃の地震であったにも関わらず、焼死者が発生したのは2件であった。これは特筆すべきことで、当時の秋田県民の火災に対する意識の高さがうかがえる。死者数は男女とも10才未満の子どもの割合が多く合計すると30％を超え、次に60才以上の高齢者が多く、特に60才以上の女性の死亡者比率が高く16％となっていた。これは、地震が発生した時間が午後5時頃で男性の多くが田畑等戸外へ出ていたことや、一般的に女性の方が避難行動が遅れること、また、幼児や高齢者を助けたことが考えられる。

「畑屋村震災惨状記」に記された激震地域の状況と対応

　1923年（大正12年）刊行の「畑屋村震災惨状記」[深澤（1923）]に陸羽地震の記載があり、激震地域であった仙北郡畑屋村における地震直後の状況が抄録されている。なお、これまでの文献調査で畑屋村は被害統計から震度7程度と推定される。著者は深澤多市であり、内容は友人であった高橋石五郎の遺稿をまとめたものである。「明治二十九年八月三一日畑屋村震災惨状記　高橋石五郎　記」のタイトルが付けられている。

　書き出しは、「明治二十九年八月三十一日は吾人は一日も忘るべからざる記念日なり」で始まり、地震発生時の状況描写に続く。「此日は朝より天色暗澹として凄愴の気を含み加えふるに数回の震動あるを以て人心恟々たる折柄午後五時三十分頃に至り山岳も崩れん斗りの勢にて激烈なる震動襲い来り此の間終始五分を過ぎざる内に早や既に家屋土蔵の如きは全く倒れ石は飛び木は折れ地盤亀裂して匍匐亦容易ならず清水は濁りて泥水と化し突然一場の修羅界を現しぬ人々内に在る者は逃路を失い親は子を呼び子は親を尋ね愁嘆の声四方に発し老若男女傷を負うもの餓て食を乞ふ者、哀叫力尽きて絶倒するもの満目の光景非絶惨絶を極め人をして茫然自失するの外なかりし」「一瞬間にして全村を崩潰し老幼援助避難するの遑なく多くは崩壊後辛ふして逃去せり内に土蔵剥落の土又は梁柱壁挟せられ他の援助によりて漸く一命を拾ひ得たるもの数多あり憶如何に周章狼狽の為せしことよ殊に晩餐の時刻とるを以て炎々たる炉火を消えしむるの暇なく火災に罹りしものさへあり其の惨状口之を言う能はず筆之を筆する能はす画

之を写す能はず実に凄惨酸鼻に堪へざりしなり」と記されている。この他、地震後の対応について記載もあり、負傷者の救護については駐在所前に仮病院が開設されたこと、田畑の荒廃で収穫が3、4割減ずること、貧民救済策が取られたことが述べられている。

1914年秋田仙北地震

主な被災地と被害

　秋田仙北地震は1914年（大正3年）3月15日4時59分に秋田県南東部で発生したマグニチュード7.1の内陸直下地震である。この地震は被災の中心の地名から「強首地震」とも呼ばれている。早朝に発生した地震であり、今村明恒博士は「震災予防調査会報告」［今村（1915）］のなかで「住家全潰数640に対して死亡者数が多いのは発震時刻の朝5時頃に睡眠中の人が多かった」からだと指摘している。地震被害の大小は地震そのものの大きさでは決まらず、地震発生時刻、地震が起きたときの社会情勢等に大きく左右される。秋田仙北地震は地震被害を拡大する要因を考える上で重要な教訓を残している。

　秋田県内の被害は死者94名、負傷者324名、住家の全潰640棟等と記録されている。図3は秋田仙北地震の市町村別被害分布図である［水田・鏡味（2009c）］。住家の被害は震央に近い雄物川沿いと横手盆地中央部で大きく、山地部については住家の全潰は少ないものの、斜面崩壊が広範囲で発生し

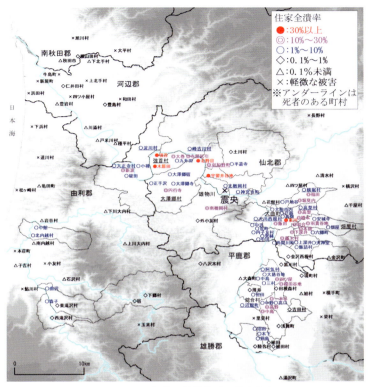

図3　1914年秋田仙北地震の被害分布

大沢郷村では地震による堰止湖が形成された。また、近代化が進んできた秋田県において、鉄道、道路、水道等の土木施設にも被害が生じている。

堰止湖の出現と手堀の隧道

　地震に伴う土砂により川がせき止められ、いわゆる地震湖が形成されることがある。山地部については住家の全潰は少

ないものの、斜面崩壊が広範囲で発生し大沢郷村では地震による堰止湖が形成された。最近では、2004年（平成16年）新潟県中越地震や2008年（平成20年）岩手・宮城内陸地震の際にクローズアップされた。被害写真を見ると土砂が田んぼを埋め、川をせき止め、池や沼と化した様子が見て取れる。斜面崩壊により最も大きな被害を出したのは大沢郷村の布又集

図4　地震湖の排水のため切り開いた手堀の隧道

落で、秋田魁新報の記事に「数百尺の高峰の中にある部落なるが大音響と共に前方の高峰は全部打ち割れ家屋大の岩石は飛び数丈の杉の木は埋没し」その結果「三十間長さ二町余の筍形の沼を造り水の深さ一丈八尺に達し為めに家屋は水に没したるより部落民其他の応援に依り八十間を切り開き排水に努め今は減水しつつあり」と記されている。逆境に立ち向かい、地域住民の生命と生活を守るため、先人たちが隧道（※トンネルのこと）掘削を思い立ち、手掘りで開通させている。現在でも一部が残されており、ゴツゴツとした手堀の跡から、当時掘削に携わった人々の想いを感じることができる。図4が地震湖の排水のため掘り抜いたこの隧道である。西仙北インターを降り、刈和野街道から出羽グリーンロードを南下、布又橋の少し上流にその姿を見ることができる。付近には、「布又地震震源地」と書かれた立て札がある。

人的被害の発生状況

　秋田県公文書館収蔵の行政史料「大正三年震災関係書類土木課（1914年）」と「大正二年大正三年秋田県凶作震災史（1918年）」から、秋田仙北地震における死者94名について、年齢不明者1名を除く93名の年齢と性別、死者94名全員の死因を知ることができる［水田（2013）］。死因で多いのは地震発生直後の家屋の倒潰による圧死者82名であり、全体の87％を占める。次いで多いのは火災によるもので焼死者が発生したのは12名であり全体の13％であった。死者数は男女とも10才未満の子どもの割合が多く合計すると23％を超え22名に

のぼる。次に10～20才未満が20％、60才以上の高齢者が16％と多く、特に60才以上の女性の死亡者比率が高く12％となっている。新聞記事によると、就寝中避難が遅れた場合が多いものの、早朝炊事中に子どもや高齢者の救助により命を落としたものも見られる。火災による焼死者については、淀川村で家屋崩壊と同時に出火9名の焼死が、強首村では郵便局崩壊後の出火により1名死亡したことが報じられている。

秋田仙北地震を詠んだ川越守固の短歌

　大規模な地震災害の体験は日記や文学作品として残されることがある。1917年（大正6年）刊行の川越守固著「かへらぬ日」[川越（1917）]という短歌集を探し当てた。「地震」と題する章では1914年仙北地震を詠んだ一連の短歌が掲載されており、この歌集に掲載されている短歌を紹介する[鏡味・水田（2020）]。歌集の著者は当時の仙北郡藤木村の出身で藤木村に於ける避難の様子を詠んでいる。なお、これまでの文献調査で藤木村は被害統計から震度6強程度と推定される。

　「かへらぬ日」に掲載されている短歌を表2に掲げる。最初に「大正三年三月激震あり、畑中の避難所にありてをののきつつよめる歌」との書き出しで、歌が掲げられている。読みやすくするため、番号を付し、5・7・5・7・7の区切りにスペースを入れて再録した。

　最初の3首①～③は、畑の中に設けた避難所で火を焚き吹雪の中で過ごしている様子を詠んでいる。次の④⑤では「青埴」ふく、としており液状化が発生したことを表している。⑥は

倒れた家と馬の様子を詠んでいる。⑦〜⑩は続く余震の様子を、⑪〜⑬は畑に設けた避難用のテントでの寝泊まりの様子を詠んでいる。一連の短歌から、畑中に避難のテントを設け寝泊まりしていた様子や余震が続く中しばらくテント生活が続けられた様子がうかがえる。また液状化が発生していたことも詠まれている。

表2　1914年秋田仙北地震を詠んだ川越守固の短歌

	短　歌
①	地震震ると おのおの 走りたり おほあめつちは いまだ暗しも
②	地震震ると 人ら集ひて 大篝 吹雪の中に かこみけるかな
③	みちばたの 吹雪の中に より集ひ かなしき人ら 火を焚きにけり
④	青埴ふく 地罅かなしく 春のそら 日のゐる下に わが佇てるかな
⑤	地底より 青埴ふきいて うらうらに 日に焼ゆるこそ うたてかりけれ
⑥	倒れふす 家の下びに 馬をりて をりをり泣くは かなしきものは
⑦	日はくらく 空にかげりて 大海の 鳴のひびきを いま地にきく
⑧	たえまなく 地震震り来り み空より 夜はやうやくに 近づけるかな
⑨	たえまなく 地震震りくれば 明くるなく 暮れゆく夜かも 近づきにけり
⑩	たえまなく 地震震りくれば 生き心地 なしと歎かす かなしき母よ
⑪	たえまなく 地震震りくれば 畑中に てんとをはりて 幾夜かもねむ
⑫	地震震ると 畑のてんとに かよりあひ 妻子がねむる 旅人のごと
⑬	地震震ると 畑のてんとに あかす夜の 小夜のくだちに なくは何鳥

1939年男鹿地震

主な被災地と被害

　男鹿地震は1939年（昭和14年）5月1日14時58分に男鹿半島付近で発生したマグニチュード6.8の内陸直下地震である。この地域では1810年（文化7年）にもM6.5の地震が発生しており死者57名、全潰1,003棟と記録されている。また、秋田県沖で発生する地震による被害も繰り返し受けており、1983年（昭和58年）日本海中部地震等の被害地震がある。秋田県内の被害は死者27人、負傷者52人、住家全潰479棟等と記録されている。住家の被害は男鹿半島中央部に広く分布している。また、家屋全潰に加えて斜面崩壊による道路や鉄道被害も多く、被害が集中した船川地区への唯一の道路である茶臼峠の崩壊により道路、鉄道、電話が不通、陸路の連絡が不便な中で震災対応を行っている。

　図5は男鹿地震の市町村別被害分布図である［水田・鏡味（2010）］。なお、被害の集中した町村は境界を破線で表し、集落ごとの被害分布を示している。激震地域は男鹿半島中央部の船川港町羽立、比詰、田中、馬生目から半島北東部の五里合村が最も多く高谷、谷地、琴川、安田、木曾は全潰率60％を超えており、その途中の男鹿中村の被害はやや少なく全潰率10％〜30％となっている。男鹿街道沿いの集落では脇本村飯ノ森と浦田で被害が多く、北側の潟西村土花へ向かうにつれ徐々に被害が減少する。全潰以上の被害が発生した地域は、北は山本郡能代港町、南は秋田郡土崎港町まで震央から

78 ｜ 秋田を学ぶ〜自然と社会〜

図5　1939年男鹿地震の被害分布

35km程度離れた地域にまで広がっていた。焼失家屋は比較的被害が少ない地域で発生しており、秋田市通町では薬局が全焼し、船越町では「倒潰して發火近隣約十戸を全焼」したことが報じられている。死者はアンダーラインを付けた町村集落で発生しており、全死者27名に対して、家屋被害が多い船川港町8名、五里合村6名で数が多くなっているが、死者の発生は男鹿半島全域に広がっている。人的被害や火災が少なかった原因として、秋田魁新報の記事に「午後三時前後にて農村は概ね外に働き、また夕食の炊事に間あつた爲め、夜間若しくは炊事時の災害に比し火災極めて少く、爲めに人畜死傷の比較的少なかつた」と記されている。

　地震発生時の男鹿地方の状況は、秋田魁新報の記事に「被害激甚地たる男鹿地方は出稼者、応召者多く罹災者は頼るに家なき窮状」とあるように、出稼ぎや応召軍人が多く若い労働力が不足していた。そのような中、住民の震災対応については、警防団によって救援や復旧活動が数多く行われている。警防団は戦時体制下民間の消防や防災・防空のため、1939年に組織されたばかりであった。新聞記事に「警防団百余名が出動し宅を掘り返へしてTさんを救助」、「男鹿地方の大震災に注がれた県下警防団員の出動人員は七日現在で二千四百五名」と記されている。また避難行動については、「船川港町羽立、部落入口の中川公園山頂まで避難の部落民が数十家族男女や子供が雑居している約二百名の村民が餘震の恐怖の中に戦いている」、「五里合村、ツナミが襲来するというので部落民は殆ど裏の山手に避難」、「男鹿中村村民、全部寒風山山麓

に布団を背負って辛くも避難」と記されている。男鹿地震の6年前、1933年（昭和8年）三陸地震津波の際に岩手県で多くの津波被害が生じており、そのためなのか、当時の男鹿半島の住民は余震による家屋倒潰や津波発生を恐れ高台へ避難していた状況がうかがえる。

男鹿市五里合にある震災復興の石碑

　男鹿地震の激震地域は男鹿半島北東部の五里合村であり、ここに震災復興の石碑がある。碑文には、地震により灌漑用の堤防が決潰し水田の用水を確保できなくなったこと、勤労奉仕団の応援により導水路を掘削し7月7日全田地の作付け

図6　男鹿市五里合にある震災復興の石碑

を終了したことが書かれている。地震発生時の若い労働力が不足していた。そのような中、他地域との連携によって迅速に救援や復旧活動が行われている。図6が男鹿市五里合にあるこの石碑である。五里合の「神谷はまなす公園」から国道101号線を200m程度北上するとこの碑がある。また、神谷はまなす公園の付近には、1983年日本海中部地震の津波慰霊碑が建立されており、この場所に来襲した津波の高さが示されている。

人的被害の発生状況

　男鹿地震の人的被害については、男鹿地方震災誌［秋田県（1942）］に死者発生の惨状が記されており、死因を知ることができる。

　男鹿地震によって発生した死者について、死因で多いのは地震発生直後の家屋の倒潰による圧死者18名であり、全体の64%を占める。次いで多いのは山崩によるもの9名であり全体の32%であった。この他、大地の亀裂への落下による圧死者も生じている。死亡者比率については、全体的に高齢者と子どもが多く、男鹿地方震災誌では人的被害の背景として「多くは田んぼで働くか戸外の作業に従事していたこと」、「夕食前で火災が少なかったこと」、「郡教育会があって小学校が殆ど休みであったこと」をあげ、こうした関係から犠牲者の多くが高齢者か子どもである一方、他の震災に比べて死亡者数が少なかったことを指摘している。

払戸小学校編「男鹿地震記」に記された小学校や村役場の震災対応

男鹿市若美図書室で1942年（昭和17年）刊行の払戸小学校編「男鹿地震記払戸村記録」［払戸小学校（1939）］を見出した。他の報告書には見られない内容を多く含んでおり、払戸村での被害の詳細、小学校や村役場の震災対応等、震災当時の払戸村の状況が記されている［水田・鏡味（2022）］。払戸村は1889年（明治22年）の町村制施行で払戸村、福川村の2旧村を統合して発足した。「男鹿地震記払戸村記録」によると、地震当時の人口は3,243名、戸数511となっている。その後、1956年（昭和31年）北隣の潟西村と合併し琴浜村の一部となり、1970年（昭和45年）町制施行・改称し、渡部、角間崎、宮澤、各地域の頭文字をとって若美町となった。さらに、2005年（平成17年）男鹿市と合併し現在に至る。

地震発生時の村民の状況について「多くは田植え前のこととて田圃に出で作業中家に残れるは老人子供等」であったことが記載されている。また、「地震と同時に殆ど戸外に飛び出し次の余震を予想して肥塚、竹藪（地われを警戒）或は附近の空地等に避難当夜は殆ど戸外の肥塚、竹藪、空地、広場等に杭、むしろ等で応急小屋がけをなし一夜戸外」に避難したことが記載されている。

払戸小学校の人的被害については女児353名、男児380名、職員19名共に死傷者はなかった。払戸小学校の地震後の学校運営については、発災翌日（5月2日）には緊急職員会議を開き対策方針を明示、全児童へ校庭にて訓示を行い、校内後始末作業、応召兵見送りを行ったことが記載されている。発

災2日後（5月3日）には学校長訓示、注意、校内作業および職員が6班に分かれて全部落の慰問と罹災児童の調査を行ったことが記載されている。発災3日後（5月4日）には学校長訓話（聖恩の有難さ、官民一致同情に対する感激等）が行われている。発災4日後（5月5日）には学校長地震講話（露天生活注意、余震等地震知識付与）、校内作業を行い、旧校舎教室を使用し授業を開始している。また、災害対策事務により職員が忙殺されたことも記載されている。発災5日後（5月6日）には、学校長訓話、地震について善行綴方、郷土出征兵への慰問文作成発送手配、前後2部に分ける授業のため机腰掛の移動作業を行ったことが記載されている。

　払戸村役場の震災対応については、発災翌日（5月2日）に村会を招集し、復旧並び応急対策を協議している。また、警察・警防団と合同で被害調査を行っている。村民との連絡は「各部落毎に役場吏員を専任担当せしめ役場対部落民の連絡緊密を図る」ことが記載されている。この他、避難所設定、治安の維持、配給、衛生・水利関係対策、教育、御影奉安所、苗代、住家や小学校校舎の被害に関する措置が行われていたことが記載されている。1939年男鹿地震は日中戦争から太平洋戦争に至る時代の地震であり、戦時下の地震における特殊な対応状況がうかがえる。

参考文献

水田敏彦・鏡味洋史：1896.8.31陸羽地震の秋田県における被害分布に関する文献調査，日本建築学会技術報告集，30，pp.597-600，2009a年

秋田震災救済会：秋田震災誌，169pp，1897年

水田敏彦・鏡味洋史：1896.8.31陸羽地震の人的被害に関する文献調査，日本建築学会技術報告集，31，pp.963-966，2009b年

深澤多市：明治29年畑屋地震惨状記，我村の歴史，19，44pp，1923年

今村明恒：大正3年秋田県仙北郡大地震調査報告，震災予防調査会報告，82，pp.1-30，1915年

水田敏彦・鏡味洋史：1914.3.15秋田仙北（強首）地震の被害分布に関する文献調査，日本建築学会技術報告集，29，pp.325-328，2009c年

水田敏彦：秋田県の歴史地震の教訓を防災教育教材にする試み－その2 1914年秋田仙北地震を事例として－，東北地域災害科学研究，49，pp.241-246，2013年

川越守固：かへらぬ日，抒情誌社，140pp，1917年

鏡味洋史・水田敏彦：1914年秋田仙北地震を詠んだ川越守固の短歌，東北地域災害科学研究，56，pp.197-200，2020年

水田敏彦・鏡味洋史：1939.5.1男鹿地震の被害分布に関する文献調査，日本建築学会技術報告集，33，pp.817-820，2010年

秋田県：昭和一四年男鹿地方震災誌，591pp，1942年

払戸小学校：男鹿地震記払戸村記録，男鹿市若美図書室蔵，67pp，1939年

水田敏彦・鏡味洋史：払戸小学校編『男鹿地震記』に記された1939年男鹿地震の震災の状況と対応，歴史地震，37，pp.31-40，2022年

Column コラム3

味噌醸造元から食産業の戦略を学ぶ

林　良雄

　"お袋の味"という言葉がある。勿論様々な料理を想起するだろうが、お袋が作った味噌汁の味はやはり格別なものだろう。味噌はそれだけ日本人の食卓に深く浸透している。

　味噌は平安時代に中国から入ってきたといわれる。その後庶民に広まり、地域の味として味噌が定着する。かつて多くの家庭で味噌を作っていた。今でも自家製の味噌を作る家庭もある。これだけ我々の食生活に入り込んでいるため、味噌の醸造元が多数残っている。秋田にも味噌醤油工業協同組合に属する企業だけでも32社ある。

　また、秋田県の味噌の消費は全国でも上位に入り、2020年～2022年の平均では秋田市の一世帯あたりの消費量は全国第3位である。実は秋田県は味噌大国なのである。しかし、人口90万人程度の県に30を越える醸造元があるのだから、味にそれぞれの個性があるだけではなく、各社生き残る戦略があると考えられる。本講座では秋田の味噌醤油の醸造元を調査することで、各社がどのようにこの秋田の地で生き残りを図っているかを知ることが目的である。

　この講座は平成28年度から実施し、令和元年度までの4回は秋田県の各地域の代表的な醸造元を見学、それぞれの会社の方針や秋田にあることの利点などの聞き取りを行った。訪問した醸造元は湯沢市の石孫本店、鹿角市の浅利佐助商店、潟上市の小玉醸造、仙北市の安藤醸造をはじめ、総計11社にのぼる。各社はそれぞれの地域や規模に応じて、持っている技術を活かす経営をしていた。例えば石孫本店は伝統的な製法や道具を守りつつ、新しい需要に対応する方向性が感じられた。また浅利佐助商店は県内でも有数の規模の近代的な施設で味噌、醤油を生産していた。小玉醸造では古い木桶で

石孫本店の醤油蔵

醤油の醸造を行い、レンガ造りの施設で味噌の生産を行うとともに、酒の生産も行っていた。安藤醸造では角館という全国的にも名の通った観光地にあり、多くの人が訪れるところに幾つかの店舗を展開し、様々な商品を開発して販売を行っていた。横手市の新山食品加工場では高い技術を活かし、限られた会社しか扱えない麹を使った商品を作っていた。その他、ご飯のお供

石孫本店の醤油づくりに使われている
明治時代の麦の焙煎機

Column コラム3

浅利佐助商店で味噌の製造過程を見学する受講生

小玉醸造のレンガ造りの蔵

小玉醸造の木桶

になるおかず味噌を展開したり、出汁なしで野菜を煮込むだけでそのうまみを引き立てるような味噌にこだわっていたり、OEM生産（他社ブランドの製品を製造し、提供すること）をしていたりしていた。これらの様々な工夫や努力を学生たちは感じ取っていたのではないかと思う。調査結果は学生たちの手で県南編、県南編Vol.2、県北編、県央編の4冊の冊子にまとめた。

令和2年度以降のコロナ禍のもとでは活動が制限されて、残念ながらこれまでのような調査ができなくなった。そこで醸造元などを1、2社取り上げてまとめる程度となり、令和5年度には一時休止をした。

学生たちは自分たちが食べているものがどのように生産されているか知らないで過ごしてきている。そして、秋田の地元の企業がどのようにそれらに関わっているか、全く知らないことが多い。この講座では地元の食文化を支える企業という観点から、地元の企業が努力工夫し、地元の食を支えていることを知ることを目的とした。そこから、地域の小さな企業でも興味深い取り組みをしていることを知ることで、地元に誇りを持ち、地元での就職を考える一助となったのではないかと考えている。

学生たちがまとめた冊子

コラム3　味噌醸造元から食産業の戦略を学ぶ　｜　89

第4章 秋田の地理

人口減少は問題か

篠原　秀一

人口推移から秋田をみる

　「人文地理学」はさまざまな地域事象を対象とし、人口も重要な研究対象である。人類史を考える場合も、地域誌・地域史を近現代に限って考える場合も、人口は最も基本的な地域情報であり、かつ国家統計対象でもある。

　現在の日本で最も基礎的な人口統計である「国勢調査」(総務省統計局、1920(大正9)年が最初)は5年に1度実施され、市区町村役場を拠点に調査員か住民の届出により資料が収集される。これに加え、市区町村役場が把握する転入・転出・転居届で人口移動(社会増減)が、出生・死亡届(厚生労働省統計管轄)で人口動態(自然増減)が判明する。

　以下では、「秋田の地理」の入口として「人口推移」を探る。

総人口・世帯数・世帯員数

　国勢調査によれば、日本全体の総人口は、1920年の5,596万から2010年の12,806万まで増加し、その後は減少して2020年には12,615万を記録した。国勢調査に基づく補間補正人口(調査時点か毎月算出した人口を、5年後の調査時人口を参照して補正した人口)によると、日本全体の最大人口は2008年の12,808万であった。

秋田県総人口は、1920年の90万弱から1956年（国勢調査補間補正人口）の135万まで増加したが、その後は減少し、1970年代後半に多少再増加したが、2020年に96万弱となった。高度経済成長とその後の影響が推察されるが、日本全体の総人口推移とは異なっていた。

　秋田市総人口は、1920年の3.9万から1945年に10万以上となり、周辺町との合併直後2005年の33.3万まで増加した。その後は減少し、2022年11月1日、総人口が30万未満になったと秋田市役所が発表した。この総人口推移は日本全体及び秋田県全体とは異なる。

　日本全体の総世帯数は、1920年の1,122万から2020年の5,583万まで一貫して増加した。これに対応し、普通世帯（特別施設・寮など除く）の平均世帯員数（人／世帯）は、日本全体では1920年の4.89から1955年の4.97まで増加・停滞傾向で、その後は減少し、1970年に3.69、1995年に2.88、2020年に2.23を記録した。以上には、高度経済成長期以降の社会変化が大きく影響したと推察できる。

　秋田県総世帯数は、1920年の15.3万から2005年の39.3万まで増加したが、その後は減少して2020年に38.5万となった。この増減は秋田県総人口増減と相応する。秋田県の普通世帯平均世帯員数は、1920年の5.83から1955年の5.71まで停滞傾向、その後は減少し、1965年に4.62、1975年に3.84、2005年に2.88、2020年に2.43を記録した。日本全体とほぼ同様だが、近年は高め傾向が消えつつある。

　秋田市総世帯数は、1920年の0.65万から2020年の1.37万

まで一貫して増加し、日本全体と同傾向である。この傾向は2022年の秋田市総世帯数が1.39万を記録し、まだ収まっていない。秋田市の普通世帯平均世帯員数は、1920・1930年は6人以上と秋田県平均を上回ったが、1940年には秋田県平均を下回る5.33となった。1955年も5人以上だったが、その後は秋田県全体と同様かそれ以上に減少し、1965年に3.99、1990年に2.88、2020年には2.24を記録した。

自然動態と社会動態

日本全体の総人口増減は、海外との人口移動と、出生数と死亡数の増減による。前者では、日本人の移動が本籍地移動ではない人口流動とされるので、常住外国人の移動をみればよい。法務省「出入国管理統計」によると、2022年には短期滞在者を除く出入国者総数は228.4万で、同年の国内日本人本拠地移動者総数225.5万と同規模だったが、差し引き出国超過1.10万は日本の総人口増減に大きく影響はしていない。

本章では日本国内の人口増減について、上述の海外との人口移動を考慮外として考察する。以下では、日本全体の総人口増減を自然増減のみで、入手しやすい1935年以降の「人口動態統計」からみる。

日本全体の出生数は1935年の217万から1947年には268万へと増加したが、その後は1950年の234万から1961年の159万まで減少した。1966年（丙午（60年に1度の干支年次。この年次の出生を避ける風習があった）を除く1960年代から1970年代初めの1973年の209万まで再増加し、高度経済成

92　秋田を学ぶ～自然と社会～

長期以後には再々減少して1990年代には120万前後で増減した。2000年以後の出生数は減少傾向が強まり、2016年には100万未満、2022年には77万にまで減少した。日本全体の死亡数は1935年の115万から1955年の69万まで減少し、その後は70万前後で増減した。1982年以降は、死亡数は増加して1990年に80万以上、1995年に90万以上、2003年に100万以上、2007年に110万以上、2011年に120万以上と増加し、2022年には157万を計上した。

差し引きの自然増減は1947年に154万以上増加を記録し、その後は増加幅が縮小し、高度経済成長初期の1956年に100万未満となった。1964～1978年には丙午年の1966年を除いて100万以上増加したが、高度経済成長末期1973年以後は増加幅が再減少した。2005年には初めて自然減となり、2022年には減少が80万近くに及んだ。

国内外との社会移動も反映した日本の総人口は、既述の通り、1920～2008年が増加、その後は2022年現在まで減少している。日本国内での越県移動者数は、1962～1995年まで300万以上で、特に1969～1973年の高度経済成長末期は400万以上を記録した。詳細統計が得られる1959年以降の越県移動者数は常に男性が女性を上回った。

秋田県における出生数は、第二次世界大戦直後の4.5万超から1966年の1.44万まで継続的に減少した。この出生数は1967年に1.99万まで回復したが、その後は1970年頃まで再減少し、1970年代前半に増減した後、1976年の1.78万から2022年の0.4万まで大きく減少した。同期間の死亡数は、出

生数と同様、第二次世界大戦直後に2万弱と最大で、その後は1979年の0.88万まで減少した。この死亡数は1980年代に増減したが、1988年には1万を超え、1989年以降ほぼ一貫して増加し、2022年の1.73万にいたった。出生数と死亡数による自然増減は、第二次世界大戦直後の2.79万増加から減少し、1993年に自然減少を初記録し、2022年の1.33万減少にいたった。

　秋田市人口の自然動態は、入手容易な資料で1964年以降をみると、出生数は1970年に最大値0.46万を記録し、その後は減少して2022年には0.16万となった。同期間の死亡数は1964年以降、増減を繰り返して1979年まで減少傾向だったが、それ以降は増減を繰り返しながら基本的に増加傾向に転じ、2022年に0.43万にいたった。秋田市における出生数も死亡数も秋田県全体と同様といえる。秋田市全体の自然増減は、1964年以降、増減を繰り返して1970年に増加が0.3万を超えたが、その後は増減を繰り返して減少基調となった。秋田市総人口の自然増減は、秋田県全体よりも遅れて2005年に初めて自然減少を記録し、2022年には0.27万まで減少が拡大した。

　秋田県総人口の社会増減は、入手容易な資料で1954年以降をみると、県外転出者数が1962〜1973年に4万を超え、1965年には4.5万近くに及んだ。その後は減少傾向で推移し、2022年には1.33万を記録し、どの年次も男性転出数が女性転出数を上回った。県外からの転入者数は、1964〜1986年は2万以上、その後は減少基調で2022年に1万余を記録した。年

次ごとの男性転入数は女性転入数を常に上回り、男性も女性も年次転入数が転出数を常に下回った。差し引きの社会増減は、1954年以降、常にマイナスで、その年次減少幅は1960～1965年に2万を超えたが、高度経済成長が終わった1974年以降は1万未満となった。その後の年次減少幅は1994年の0.1万未満まで縮小したが、転入数が転出数を下回って2022年には0.3万減少を記録した。

　秋田市総人口の社会増減は、入手容易な資料で1964年以降をみると、市外からの転入者数が2009年まで1万以上を維持し、2022年時点でも0.88万を記録した。この秋田市への転入者数は、内訳がわかる1971年以降では、県外からが県内からを常に上回った。秋田市からの転出者数は、1966～2010年の間は常に1万以上で、2022年時点でも転入者数と同規模の0.88万を維持した。この内訳も、県外転出が県内転出を常に上回った。差し引きの社会増減は、1969年と1985～1989年を除く1999年までは増加基調、その後は2012年（東日本大震災翌年）と2020・21年（新型コロナウィルス感染拡大を避けた人口移動抑制あり）を除いて常に0.2万未満の減少基調となった。

　秋田県総人口の増減（図1-1）は、高度経済成長期に社会増減が大きく影響し、1990年代半ば以降は自然増減が大きく影響してきた。秋田市総人口の21世紀以降の増減（図1-2）には、自然増減と社会増減がともに大きく影響している。

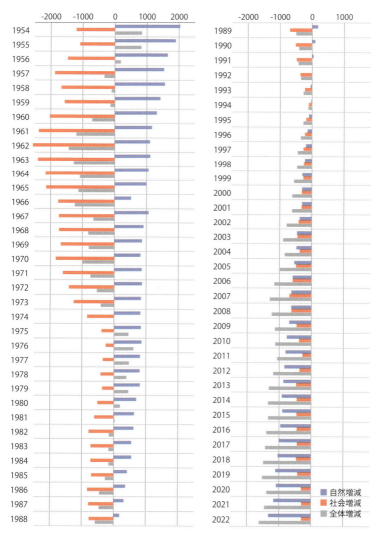

図1-1　秋田県における総人口増減の推移（1954～2022年）
（「人口動態報告」・「住民基本台帳人口移動報告」により作成）

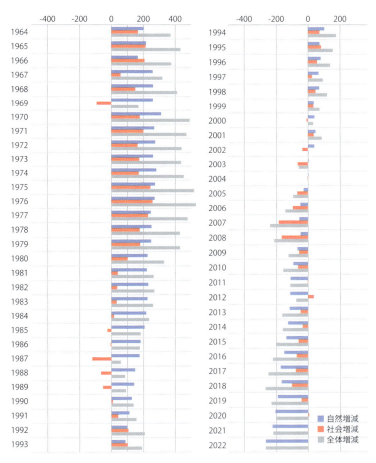

図1-2　秋田市における総人口増減の推移（1964〜2022年）
（「人口動態報告」・「住民基本台帳人口移動報告」により作成）

年齢別性別人口構成

　人口動態・人口移動の変化は、地域人口の年齢別性別構成を変化させる。上述のように、人口動態・人口移動に明らか

な男女差があることがその理由である。以下では大まかながら、15歳未満（「年少人口」）・15〜64歳（「生産年齢人口」）・65歳以上（「高齢人口」）の3年齢層区分と男女別構成から、地域人口の基本構成がどう推移したかをみる。

　日本人口全体の年齢3階層別性別構成は、1920年時点では男性総数が女性総数を上回ったが、高齢人口は男性が130万余、女性が164万弱であった。高齢人口以外は男性が女性よりも多く、男女ともに年少人口は1,000万以上、生産年齢人口は1,600万以上を数えた。この傾向は、1940年まで変わらないが、1945年には戦争の影響か、生産年齢以上の男性人口が減少して女性人口を下回り、総人口でも女性が男性を上回った。この女性が男性を上回る傾向は、2020年時点でも変わらない。ただし、出生数は男性が女性を常に上回ることを反映し、年少人口は1920年から2020年の間、常に男性が女性よりも多い。逆に、平均寿命を反映して、高齢人口は1920〜2020年の間、常に女性が男性よりも多い。生産年齢人口は1945年以後1985年まで女性が男性を上回り、1990年以後2020年まで男性が女性を上回った。

　日本全体の高齢人口率は、1920年の時点では男女ともに高齢化境界の百分比7％より低かったが、高度経済成長期末期の1970年に女性と全体の割合がその7％を超えた。高度経済成長期後の1975年には男女ともに7％以上となり、日本全体が高齢化社会となった。

　この高齢人口率はその後一度も下がらず、1980年に女性高齢者率が10％を超え、1995年には男性高齢者率も10％を

超えた。2005年には女性高齢者率が20％を超え、2010年には男性高齢者率も20％を超え、2020年には女性高齢者率が30％を超えて全体の高齢者率が28％を超えた。年少人口率は対照的に、1920年時点で男女ともに36％以上で、1960年に女性年少人口率が30％未満、1965年に男性年少人口率が30％未満となった。その後も年少人口率は減少し、1990年には20％未満となったが、2020年時点で男女ともに10％以上を維持した。生産年齢人口率は、1920年時点で男女ともに58％前後で、その後、1950年に女性生産年齢人口が6割を超え、1955年から高度経済成長期を経て2010年まで、男女ともに6割以上を維持した。2020年の生産年齢人口率は、男性が62％、女性が57％を記録した。

　秋田県総人口の年齢3階層別性別構成は、日本全体と同様に、1920年時点では男性総数が女性総数を上回り、高齢人口は男性が1.7万、女性が2万弱であった。高齢人口以外は男性が女性よりも多く、年少人口は男女ともに17万以上、生産年齢人口は男女ともに25万以上を数えた。ところが、日本全体とは異なり、1925年には年少人口以外は女性数が男性数を上回り、1940年には女性総人口が男性総人口を上回った。1945年には戦争の影響もあって、生産年齢以上の男性人口が女性人口を大きく下回り、総人口でも女性が男性を上回った。この女性数が男性数を上回る傾向は、2020年になっても変わらない。ただし、出生数は男性が女性を常に上回ることを反映し、年少人口は1920年から2020年の間も常に男性が女性よりも多い。逆に、平均寿命の差を反映し、高齢人

口は常に女性が男性よりも多い。日本全体とは違い、生産年齢人口は1925年以後2015年まで女性数が男性数を上回っていたが、2020年に男性数が女性数を上回った。

秋田県の高齢人口率は、男女ともに1920年の時点では5％未満で、1945・50年には4％未満まで低下する。その後は上昇し、日本全体と同じく1970年に女性と全体の割合が7％を超え、高度経済成長期後の1975年には男女ともに7％を超えた。この高齢人口率はその後一度も下がらず、1980年に女性高齢者率が10％を超え、1985年には男性高齢者率も10％を超えた。1995年には女性高齢者率が20％を超え、2000年には男性高齢者率も20％を超えた。2020年には女性高齢者率が40％を超えて全体の高齢者率が35％を超えた。すなわち、秋田県の高齢化は日本全体よりも急速に進んだ。

秋田県の年少人口率は対照的に、1920年時点で男女ともに38％以上、1925～1940年は男女ともに40％以上を記録した。日本全体よりも少し遅れて1965年に女性年少人口率が30％未満となり、1970年に男性年少人口率も30％未満となった。その後も年少人口率は減少し、20％未満となったのは日本全体よりも早い1985年で、2020年時点で男性は10％以上ながら女性は10％未満となった。

秋田県の生産年齢人口率は、1920年以降、1975・80年を除いて日本全体より少し低めで、1920年時点で男女ともに55％以上だった。その後、1955年に女性の生産年齢人口が6割を超え、1955年から高度経済成長期を経て2000年まで、男女ともに6割以上を維持した。2020年の生産年齢人口率は、

男性が56％弱、女性が49％余で、日本全体より低水準であった。ここには若年人口の県外流出が大きく影響している。

　秋田市総人口の年齢3階層別性別構成は、入手容易な資料では1960年以降を確認できる。1960年時点で、年少人口は男性3.2万、女性3.1万、生産年齢人口が男性6.4万、女性6.9万、高齢人口が男性0.3万、女性0.4万を数えた。総人口も生産年齢人口も高齢人口も女性数が男性数を上回る傾向は、秋田県全体同様に2020年になっても変わらない。出生数は男性が女性を常に上回り、高齢人口は常に女性が男性を上回る傾向も日本全体及び秋田県全体と変わらない。

　秋田市の高齢人口率は、男女ともに1960年の時点では5％未満だったが、日本全体及び秋田県全体よりは遅れて1980年に女性と全体の割合が7％を超え、1985年には男女ともに7％を超えた。この高齢人口率は日本全体及び秋田県全体と同様に、その後一度も下がらず、日本全体と秋田県全体よりは遅れて、1985年に女性高齢者率が10％を超え、2000年に男性高齢者率も10％を超えた。1995年に女性高齢者率が20％を超え、2010年に男性高齢者率も20％を超え、2020年には女性高齢者率が34％余、男性高齢者率が28％弱となった。

　秋田市の年少人口率は、1960年時点で男女ともに30％前後だったが、その後減少し、秋田県全体より早く1970年に男女ともに25％未満となった。1990年には男女ともに年少人口率が20％未満と、秋田県全体と同様に少子化が進んだ。秋田県全体同様、2020年時点で、年少人口率は男性が10％

第4章　秋田の地理─人口減少は問題か─　101

以上ながら女性は10％未満となった。生産年齢人口率は、1960年に男女ともに65％前後で、1965年に女性の生産年齢人口が70％を超え、1970～85年は男女ともに70％以上を維持した。この生産年齢人口率は1990年に男性の率が日本全体よりも下回り始め、2010年頃に全体が日本全体と同水準となった。2020年には男性が58％余、女性が54％余と、秋田県同様に日本全体よりも低水準である。秋田市でも、時期的にはズレるが、若年人口の市外流出が大きく影響したものと考えられる。

産業別就業人口構成

　ここでの統計対象は全人口ではなく、産業（3大区分）別就業者数である。本稿では、便宜的に、第1・2次産業就業者以外はすべて（区分不明も含め）を第3次産業就業者として計上する。

　日本の全就業者数は1920年時点で2,726万余を数え、その50％以上が第1次産業、約20％が第2次産業、約25％が第3次産業に従事した。全就業者数はその後増加し、その最大数は高度経済成長期より20年以上後の1995年の6,418万余であった。1995年以降は減少し、2020年には全就業者数が5,764万余となった。

　第1次産業就業者数は、1920年の1,467万余から増加した1950年の1,747万余を最大に、その後、1960年に全就業者の3分の1、1975年に100万未満、1985年に全体の10％未満、1990年に50万未満となった。第1次産業就業者は食糧

供給の重役を担うが、その数は2020年には200万未満、全就業者の3.4%を占めるに過ぎない。

第2次産業就業者数は、1920年の560万弱から1965年に第1次産業就業者数以上の1,511万余、1990年には最大の2,054万余に増加した。その後は減少したが、2020年の第2次産業就業者数は1,325万強を維持した。第2次産業就業者率は、戦時中の1940年に一時的に25%以上、1950年以降の20%以上から1965〜1995年の30%以上となったが、徐々に減少して2020年の23%にいたった。

第3次産業就業者数は、1920年に第2次産業就業者数以上の699万余を数え、その後、全就業者数が減少しても、2010年の4,310万余まで一貫して増加した。その結果、第3次産業就業者率は、1960年に第1次産業を上回る38%余となり、1975年に全体の50%を超え、1995年に60%を超え、2010年に70%を超えた。2020年には、総数で4,242万余、率で過去最大の73.6%を記録した。

1920年以降、就業者数は基本的に全体でも3部門別でも、男性数が女性数を上回ったが、例外的に1940年の第1次産業、1960〜1970年の第1次産業、2020年の第3次産業の半分以上を、女性就業者が占めた。こうした例外的状況は、戦時中の男性の軍事徴用、高度経済成長期での男性就業者の農山漁村離れ、近年の各家庭での生計維持困難と各職場での担い手不足による女性就業の需要増加などが影響したと推定される。

秋田県全就業者数は1920年には43万余で、3分の2以上が第1次産業、10%以上が第2次産業、20%弱が第3次産業に

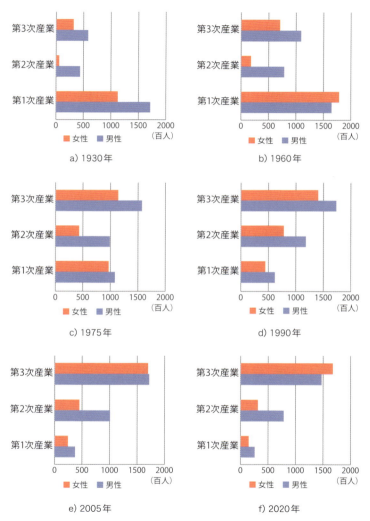

図2-1　秋田県における産業別就業者数の経年推移
(「国勢調査報告」により作成;1930年値は全年齢有業者(就業者)数;1955年以後は15歳以上;「第3次」産業は「第1・2次」産業以外)

従事した。全就業者数は1950年に50万を超え、1970年の63万余を最大とし、その後は減少したが1995年まで60万以上であった。この傾向は日本全体に類似する。2020年には全就業者数は46万余まで減少した。

秋田県の第1次産業者就業数は、1920年の29万余から増減して日本全体と同じく1950年に最大37.5万余を記録し、その後は1960年まで30万以上だった。その後は大きく減少して1965年に全就業者の50%未満、1980年に15万未満、1990年に全就業者の20%未満、1995年に10万未満、2010年に全体の10%未満となった。日本全体より遅れながらも、絶対数と比率の減少が同様に進んだ。2020年には4万余、全就業者の8.6%を占めるに過ぎなくなった。この第1次産業就業者数だけをみると、秋田県は農業県とはいえないかもしれない。

秋田県の第2次産業就業者数は、1920年の5.5万弱から増減して1965年に初めて10万を超え、1980年に第1次産業就業者数以上の17.3万弱を数えた。日本全体と同じく1990年に最大の19.6万余を記録し、その後は減少、2020年には第2次産業就業者数は11万弱となった。第2次産業就業者率は1975年に20%を超え、1990～2000年は30%以上だったが、徐々に減少して2020年の24%弱となった。

秋田県の第3次産業就業者数は、1920年に第2次就業者数以上の8.5万を数え、その後、戦時中を除いて全就業者数が減少しても、2000年の34万余まで一貫して増加した。その結果、秋田県の第3次産業就業者率は、日本全体よりも遅れて1975年に第1次産業を上回る44%弱となり、1990年に

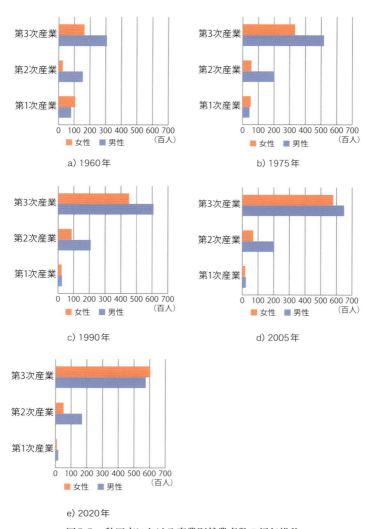

図2-2　秋田市における産業別就業者数の経年推移
(「国勢調査報告」により作成；就業者数は15歳以上数；「第3次」産業は「第1・2次」産業以外のすべてを含む)

50％を超え、2005年に60％を超えた。2020年には総数で31万余、率で過去最大の67.7％を記録した。

内訳のわかる1930年以降2020年まで、秋田県就業者数は基本的に全体でも3部門別でも男性数が女性数を上回った（図2-1）。例外的に、1960～1970年は第1次産業、2010～2020年の第3次産業の50％以上を、女性就業者が占めた。この例外的状況は、秋田県でも日本全体と同要因が影響したと推定されるが、その傾向が日本全体よりも強かったのは、秋田県が少子高齢化の先進県のためと考えられる。

秋田市の全就業者数は、容易に資料が得られる1960年以降をみると、1960年の8.4万余から2005年の15.4万余まで増加したが、その後は減少し、2020年には14.3万弱を記録した。第1次産業就業者数は、1960年の1.9万弱（全体の22％余）から2000年の0.3万弱（全体の1.9％）まで減少したが、2005年に0.4万余（全体の2.8％）に増加し、その後2020年に0.3万弱（全体の1.8％）に再減少した。

この第1次産業就業者率の低下は、日本全体よりも早く、数値も低い。第2次産業就業者数は、1960年の1.8万余（全体の22％弱）から、初めて第1次産業就業者数を超えた1965年の2.1万弱（全体の22％弱）、1980年の2.8万余（全体の21％弱）までは増加したが、その後は2020年の0.5万余（全体の16％弱）にまで減少した。第3次産業就業者数は、1960年にすでに3部門最大の4.7万余（全体の56％）を数え、全就業者の増加を支えるように2005年まで増加した。その後、総数は減少したが、率は増加し、2020年には総数で11.8万余、率で過去最大の

82％余を記録した。

　秋田市全就業者数を男女別にみると、1960〜1980年の第1次産業就業者と、2020年の第3次産業就業者を除けば、基本的に全体でも3部門別でも男性数が女性数を上回った（図2-2）。上記の例外的時期には、日本・秋田県全体と同要因が影響したと推定される。

夜間人口と昼間人口

　上記までに検討した「人口」は、実はすべて「夜間人口」であり、「その地域を本拠地とする（寝起きする）人口」つまり「常住人口」である。しかし、その「常住人口」には、昼間そこで働いて・学んでいる人口（「昼間人口」）がすべては計上されてはいない。なぜなら、「昼間人口」は昼間滞留人口で、他地からの通勤・通学者数を含み、他地への通勤・通学者数を含まず、昼夜そこで生活する人口を含むからである。統計上、「昼間人口」はその地域での物品・サービスを受ける一時的滞在者（医療サービス受益者など）を計上できないので（「夜間人口」もその地域での一時的宿泊・滞在者を計上しないのと同様）、日時により大きく変動する「昼間滞留人口」の実数を、厳密には意味しない。しかし、「昼間人口」は恒常的な「昼間滞留人口」を意味し、その地域の「賑わい」を判断する重要な人口指標といえる。

　この「昼間人口」は国勢調査により1965年以降の数値を県別・市町村別に把握できる。日本全体では「夜間人口」と「昼間人口」は便宜的に同一とされる。「昼間人口」が「夜間人口」

を上回る地域は、そこを含むより広域での都市的中心性が高いとみなせる。

　秋田県全体では、1965年以降2020年にいたるまで一貫して昼間人口が夜間人口を下回った。特に1965・2000・2010・2020年に千人以上、1985・1995・2015年に2千人以上、1990年に3千人以上が県外通勤・通学で流出していた計算になる。秋田県における働く場・学ぶ場の需要が供給を下回り、周囲の県よりもひと・もの・ことの集散地としての都市的広域性が、1965年以後は低かったともいえる。

　秋田県庁所在地である秋田市の昼夜間人口をみると、1965年以降2020年まで、常に昼間人口が夜間人口を上回った。ただし、昼間人口から夜間人口を差し引いた差が、1970～2005年までは1.5万以上だったが、2020年には1.1万にまで減少し、1965年当時よりも小さい。最も都市性が強いと考えられる秋田市でもこの傾向で、1965年以降2020年まで昼間人口が夜間人口を常に上回った市町村は、秋田市以外では能代市、横手市、大館市、湯沢市、小坂町、大潟村に限られる。これに対し、昼間人口が夜間人口を大きく下回る市町村の多くは、上記の都市性の強い市町村の周囲に立地する。

　上記の傾向は、高度経済成長期とその後の日本における地域変化のうち、秋田県内の日常的広域生活圏が秋田市、能代市、横手市、大館市、湯沢市、小坂町、大潟村を中心に形成された経緯・現状をあらわすとも解釈できる。この意味で、鹿角市と由利本荘市は、比較的に大きな都市機能を持ちながら、隣接県域への日常的な大きな人口流動もあり、必ずしも

昼間人口が夜間人口を上回らなかったと推察できる。

「人口減少」は「好機」かも〜野外調査で地域を実感する〜

　上記のように人口推移をみると、各「地域人口」が時代により規模や性質を変化させてきたことがわかる。「人口減少」の起こり方は単純ではなく、地域によりその経緯も要因も背景も異なる。日本・秋田県・秋田市の傾向が、それより小さな地域に当てはまるとも限らない。当然ながら、人口統計だけでは地域実態はよくわからない。

　「人口」は当然ながら、どれだけ詳細に計上し得ても、その数だけをみていては、そこにいる人々の個別の得意・不得意などを明らかにできない。それらを知るには別の研究が必要である。統計調査以上の地域調査がなければ、「地域社会」を形作る人々とその環境の特色などを知ることはできない。

　では、地域統計を根拠とした人口の傾向や仮説も参考に、どのような現地調査が必要だろうか？　たとえば、日本の先端的「少子高齢化地域」秋田県でも、より細かくみれば、必ず地域的差異がある。どこもかしこも一様ではない。秋田県内でも比較的に高齢化が遅めの秋田市内でも、高齢者がとても多い地域もあり、年少者が多い地域もある。秋田市郊外なら空き家・廃屋が多いとは限らず、対照的な地域が、郊外または都心地域で集落・町内として隣接していることもある。まずは現地を歩いてみて、初めて気づくことは多くある。

　「人口」に着目した地域調査であれば、まず、その地域における主要な交通・集客・公共施設、繁華街・商店街などを訪ね、

そこでどのような人たちが活躍・利用しているかを観察する。その地域における空間利用の種類と規模を観察し、どの程度に都市的な業種・利用があるか、どの程度に外来者を意識した土地利用と標識が配されているかを地図上などに具体的に記録する。対象地域が住宅地域であれば、その住宅群の古さ・規模、道路幅員や地区公民館・公園・掲示板などの公共空間、住んでいる人々の様子を観察する。対象地域が村落地域であれば、主たる公共的施設や組合事務所、集落の家屋群、それら周囲の農業的土地利用の種類と規模、使用器具・施設を観察する。

　いずれにせよ、その地域でどのような生活が営まれているかを観察し、必要に応じてより詳細な話を聞いていく。このような地域調査は簡単ではないが、訓練すれば少しずつ慣れて、工夫できることも増え、「見える世界が広がって地域調査が楽しくなる」。かつての近所や町内での「井戸端会議」などは、小規模ながら自然とお互いを知り得た機会（調査の「場」）だったかも知れない。その中に一時的にでも入れてもらえれば、外来調査者としてはとても有り難い。

　結果として、各地域に類似点はあるけれども、どの地域でもそれぞれ独自の生活が営まれてきたことがわかってくる。その生活の知恵などによく触れられれば、地誌学的地理学調査の醍醐味を味わうことができる。

　実は、現地調査以前に、地形図や空中（航空）写真の新旧対照により、最大100年間ほどの土地利用変化を中心に、地域変化をある程度は読み取れる。その地域変化は大まかでは

第4章　秋田の地理―人口減少は問題か―　111

あるが、地域生活の時代変化を反映する。入口は「人口」でも結局、その地域における生産・消費に関する地域調査が進まないと、逆に、その地域における人口推移も十分には説明できない。このような地域調査後に、改めて該当の地域人口統計をみると、「読める事柄」が増えることもある。

　2023年12月に公表された国立社会保障・人口問題研究所「日本の地域別将来推計人口（令和5年推計）」によると、秋田県総人口は2050年には2020年の96万よりも4割以上減少して56万（47都道府県では減少率最大）となる。そのうちの49.9％（47都道府県では最大比率）を高齢人口が、43.2％を生産年齢人口が、6.9％を年少人口が占めると予測された。絶対に間違いない将来推計はありえないが、秋田県では2020年から30年後の2050年には総人口が確実に激減し、超高齢化・少子化が進む可能性が極めて高い。これまで通りの地域生活を続けることは難しい。

　「地域人口の減少」はその地域の「困った問題」と考えられることが多い。しかし、本当にそうだろうか？　第二次世界大戦の直後、日本各地の農村地帯では、「農村の人口過剰問題」が叫ばれていた。大都会でも、児童数が多すぎるマンモス小学校が問題になった時代があった。あるいは、居住人口の多さゆえ、本来ならば住まない方が良い土地に無理をして住宅を建て、その住宅が土砂崩れや河川氾濫の被害に遭った可能性もあるだろう。

　地域人口が減少し、少子高齢化が進めば、さまざまな事業・業務の後継者が育たない、土地が有効に活用されない、「現役」

世代の租税負担がさらに増加するなど、多くの「問題」が生じることは、現代日本人なら誰もが十分に承知している。しかし、「人口減少」が問題であると考えるのは、「人口増加」問題の時代と同様に、「以前と同じ地域生活（様式・習慣・常識）を継続させようとする」からではないか。これまでと同様な地域生活をできるだけ継続させる、そのような地域社会を今後も求めるなら、確かに「人口減少」は問題に違いない。

　「人口減少」は一朝一夕に起こったことではなく、それなりの要因が関係する長期変化の結果である。そうならば、「人口減少」の中身・要因・背景を十分に把握し、変えるべき要因・背景は改善し、「人口減少」を逆手にとった地域振興を考える、逆転の発想が求められる。

　2024年1月10日付の秋田魁新報第1面には、「人口戦略会議」が前日に中間報告した「人口ビジョン2100」の記事が掲載された。この提言は、人口減少の社会的な影響を国民全体で情報共有し、若者、特に女性の意識や実態を重視すべきと提言した。現世代の社会を次世代へ継承する責任をふまえ、無策なら半減する総人口を2100年時点で現在の3分の2相当の8,000万維持を目指す。この日本商工会議所が中心の「人口ビジョン2100」ですら、無理に総人口1億2,000万維持を考えていない。総人口8,000万維持が「現在の社会」をどの程度前提とするかは不明だが、安易な施策で人口維持実現はできない。

　「人口減少」「少子高齢化」の経緯と事情・背景は、地域・時代により多様である。その異なる「人口減少・少子高齢化」へ

第4章　秋田の地理―人口減少は問題か―　113

の地域的工夫が、どこでも同様で良い訳がない。地域性を活かした工夫があるべきで、地域人口統計の客観的な読み取りも参考に、地域調査で資料を収集し、その地域の皆で未来の理想的地域像を相談し、それに近づける努力を重ねるほかない。未来の理想的地域像により地域振興の道筋は異なるが、「人口減少」を悪いと考える必要はない。良い意味で好機と考え、「地域社会」が変われる好機とも考えるべきではないか。

　地域的な必要不要を考え、旧来より少数者が生活する、それでいて人々と地域の多様性を活かせる「地域社会」、旧来の「常識」に囚われればとても無理だが、いい意味で「常識」に囚われない若い人たちの活躍を期待したい。大都市圏域よりも、過疎地域の農山漁村のほうが、多彩な人々が揃うのは簡単ではないが、「理想的社会」を実現しやすいかも知れない。実は、そのような「理想的社会」を目指したさまざまな施策・企画、相談・集まりの提案・提示は、秋田県庁や秋田県内各市町村、地域づくりの各種団体のホームページ中の各種記事中に、すでにかなりみられる。

　年配者も次世代へ伝えるべきことは伝える必要がある。高齢者が数多い現在は、昔ながらの知恵が多く蓄積されている好機である。秋田県は世界でも最先端の少子高齢化・人口減少地域であるがゆえ、逆に、それでも十分に人生を楽しめる地域生活の新モデルを各地で生み出せれば、世界的貢献にもなる。実際に「人口減少」「少子高齢化」の地域現場各所を歩き、観察し、お話をうかがえれば、未来が決して絶望ばかりではないと学べる。苦しい現況でも、どこにでも必ず、知恵者、

前へ進む「大人」たちがいて、互いに激励し合うこともできる。

このように、「人口」を入口に実証的に地域分析し、地域現場を歩き回って地域振興を手助けすることも、人文地理学では可能である。

〈主な引用資料〉（閲覧はいずれも2023年12月か2024年1月）

秋田魁新報社「2024年1月10日付　秋田魁新報」第1面

秋田県庁「秋田県の人口と世帯（月報）」ホームページ
https://www.pref.akita.lg.jp/pages/archive/9910

秋田市役所「市政情報／統計情報／統計関連情報／人口・世帯」
https://www.city.akita.lg.jp/shisei/tokei/1003666/1003563.html

厚生労働省「人口動態調査報告」ホームページ
https://www.mhlw.go.jp/toukei/list/81-1.html

国立社会保障・人口問題研究所「日本の地域別将来推計人口（令和5年推計）」
ホームページ
https://www.ipss.go.jp/pp-shicyoson/j/shicyoson23/t-page.asp

総務省統計局「国勢調査報告」ホームページ
https://www.e-stat.go.jp/stat-search?page=1&toukei= 00200521

総務省統計局「住民基本台帳人口移動報告」ホームページ
https://www.stat.go.jp/data/idou/index.html

日本商工会議所人口戦略会議「人口ビジョン2100」ホームページ
https://www.hit-north.or.jp/information/2024/01/09/1927

法務省出入国在留管理庁「出入国管理統計統計表」ホームページ
https://www.moj.go.jp/isa/policies/statistics/toukei_ichiran_nyukan.
html

Column コラム 4

高齢化と地域コミュニティ

石沢　真貴

　地域社会の課題を発見し解決策を考えるためには、フィールドワークを通して具体的な事象を調査することが重要である。だが、同時に事象を生じさせる背景を理解しておくことも大切だ。ここでは、日本社会の重要課題である高齢化が地域コミュニティにどのような影響を及ぼしているのか、秋田を事例にみてみることにしよう。

　現在、高齢化は世界的に進行している。国立社会保障・人口問題研究所による推計では、主要先進国および新興国との比較において、日本の高齢化率は2000年代に入ると最上位となってその後も上昇し、2060年には約40％になるとされている。そしてこの「高齢化先進国」である日本のなかでも、最も高齢化率が高いのが「高齢先進地」といわれる秋田県である。

　秋田県の総人口は、1956年の約135万人をピークに、2017年には100万人を下回り（995,374人）、2023年は913,513人まで減少した。人口の自然増減率をみると、死亡数が出生数を上回り毎年10,000人以上減少している状況で、2023年は-1.50％と全国最下位である。また65歳以上人口は39.3％で全国1位である。秋田県内の市町村別では、上小阿仁村58.4％、藤里町54.0％、男鹿市51.8％、五城目町51.4％、八峰町51.3％と、県北部の高齢化が顕著である（秋田県「令和5年度老人月間関係資料」他）。

　一方、日本全体の世帯構造の変化をみると、1980年代までは高齢者のいる三世代世帯が約4割を占めていたが、1990年代頃を境に減少し、現在は約1割である。逆に高齢者単独世帯と夫婦二人暮らし世帯で約6割を占めるに至り、小家族化の進行が止まらない。

　同様の傾向は秋田県でもみられる。図1は、秋田県の市町村別に

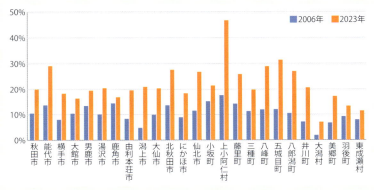

図1　秋田県における高齢者単独世帯割合の推移
出所：秋田県「老人月間関係資料」より作成

高齢者単独世帯割合の推移を示したものである。2006年と2023年の比較となっているが、すべての市町村で上昇している。特に上小阿仁村や能代市など県北地域での変化が顕著である。また、「社会生活統計指標」の特に高齢者単独世帯の指数をみると、1990年を境に特徴的な変化がみられる。秋田県の高齢者単独世帯は、1990年までは3.65と全国平均の3.99よりも低かった。しかし2015年では、全国が11.11であるのに対し秋田県は12.34となっており、全国よりも高い値になっている。東北地域は一般に三世代世帯が多い地域である。もともとこうした地域であった秋田県で世帯の高齢化と小家族化が急速に進んだということは、家族のあり方がここ数十年の間に大きく変容していることを意味する。しかもその変化の振り幅が大きい分、他の地域よりも急激な社会変化が生じてきた地域だと捉えておく必要がある。

　では、実際に人口や世帯構造が変化すると、地域にどのようなことがおこるのか。限界集落や耕作放棄地、空家の問題などが秋田県でも報道されるようになるのは2000年代に入った頃からだが、こ

コラム4　高齢化と地域コミュニティ　117

Column コラム4

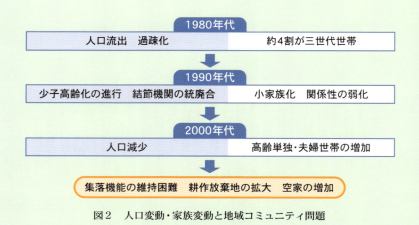

図2　人口変動・家族変動と地域コミュニティ問題

うした地域課題はどのような背景で生じてきたのか。1980年代から2000年代までの人口変動と世帯状況の動向は、図2のように整理することができる。1980年代までは、約4割が三世代世帯であり、独立して家を出ていく子どもがいる一方、後継者も存在したことで家は存続しえた。それが1990年代になると、少子高齢化と小家族化が進み、地域を支える希少な結節機関の役割を果たしていた病院の移転や小中学校の統廃合が顕著になってくる。すると世代間や近隣との交流機会が減少し、さまざまな社会関係が弱まっていくことになる。

そして2000年代に入ると、かつて1980年代に家を継ぎ、戸数を減らすことなく集落人口を維持する役割を果たしてきた世代が高齢化し80歳代、90歳代を迎える時代となる。家の後継者となるはずの次世代はもはや存在せず、住み慣れた集落で自立生活することは困難になる。そこで子世代のいる都市部に移住したり病気で入院や施設入所したりすれば、空き家や耕作放棄地が出現する。そして集落機能の維持が難しくなっていく。

つまり、われわれが現在目の当たりにしている地域の実情は、1980年代からの人口、世帯構造の変化の帰結である。地域コミュニティとしての集落を構成し維持しているのは個々の世帯であり、それが小家族化し高齢化すれば、集落機能も衰退する。これがいわゆる「限界集落」が示す諸問題の背景である。高齢化の問題といえば、つい人口統計、特に高齢化率の上昇にばかり気をとられてしまいがちだが、実は足元の地域課題は、地域コミュニティの基盤をなす日常生活や家族や近隣との社会関係のあり様とその変容に深く関連している。このように、発現する事象の背景を知るとともに、フィールドワークで具体的な事例に迫り深く地域の実態を把握することができれば、地域課題解決の糸口を見出すことにもつながるだろう。

集落維持・活性化のための地域資源調査

地域住民の方とのワークショップの様子

コラム4　高齢化と地域コミュニティ　119

第5章 秋田の経済

地域経済統計から見る
マクロ経済環境

荒井　壮一

マクロ経済学とはなんだろうか

　マクロ経済学とはなんだろうか。金森久雄他（2013）によれば、「国人所得や経済全体としての投資や消費といった巨視的集計概念を用いて全体としての経済の運行法則を分析する経済学の領域のこと」とある。これに私なりの言葉を重ねるとすれば、「集計された数字やその動きのしくみについて考える経済学の一分野」ということになるだろうか。例えば国民全体の富の合計、これは当然ながら集計された数字である。また、その数字を元にして、一人あたりの平均的な賃金水準を求めたとしよう。これもまた、個人そのものというよりはむしろ全体の集計から割り出した数字ということで、マクロの概念を活用した数字と言えるだろう。

　地域、例えば秋田県内における経済統計はどうだろうか。これも同様に考えて、集計された数字やそれに近い概念のものは「マクロ」と言えるだろう。これに対して、個人に関わるデータ（個票データ）やその背景にある理論について分析することは、一般的にミクロ経済学と呼ばれる。例えば高校生それぞれの身長や体重のデータといった個人属性の情報をそのまま見える形で分析することは、ミクロ的な分析と言えるだろう。

ともあれ、現実の「経済」は大変に複雑である。経済社会の有りようは日々変化していく。それはまさに経済自体が、姿形のはっきりしない巨大な生き物のようなものである。そうした複雑な経済のありのままを直接に理解できるのであればもちろんそれが一番ではある。ただ、それが現実的に不可能であるために、経済学はときに現実を敢えて単純化したり、注目するポイントを絞って分析を行ったりするのである。マクロ経済学におけるそうした「ポイント」の代表例が、特に国内総生産（gross domestic product, GDP）、労働市場と賃金、物価水準という3つに関わるマクロ変数である。以下では、大きくこれらの3つの視点から秋田経済について概観する。

GDPをどう理解するか

　「経済」の語源となった「経世済民」という言葉には、経済社会を上手く統治することを通して国民の豊かさを実現する、という意味が込められている。豊かさや国民の幸福は必ずしも経済的な達成のみによって実現されるものではないが、経済学において特にGDPは、それらの土台となる経済的な安定に大きく関わるものとして極めて重要であると考えられている。ではなぜ経済学においてGDPが重要なのか。

　その理由の一つは、GDPにおける三面等価の原則[※1]を踏まえると、それが国内で生み出されたマクロの付加価値の分配に対応しているからである。分配面から見たGDPは営業

※1　国の経済状態を体系的に記録するための国民経済計算（SNA）において、生産・分配・支出の異なる3つの側面から計測された国内総生産がいずれも等しくなるという原則のこと。

余剰・混合所得や雇用者報酬などに分解されるが、とりわけ雇用者報酬は被用者への分配、すなわちマクロ経済全体における労働者の所得などの取り分を表すことになる。こうした国民の豊かさを実現するということが、GDP成長に関して最も強調されるのである。

とはいえGDPの成長は、常にそれと同程度の個人の賃金上昇を保証するものではない。まず付加価値の増加分が労働者へ優先的に配分されるとは必ずしも限らないし、労働者間や企業間、産業間においても配分の格差、すなわちミクロの賃金格差が広がっているかもしれない。加えて、雇用者報酬が仮に伸びていたとしても、社会全体で低賃金労働者が増えていたとすれば、一人あたりの平均的な賃金水準はむしろ逆に低下するかもしれない。

このことに関連してGDPという概念そのものの限界についてさらに触れるならば、それが市場を通した経済活動のみを捉えるものであるという点も押さえる必要がある。例えば家庭や友人、地域共同体における非金銭的な諸活動から得られる幸福感は、決して市場価値で測ることのできないものだからである。

したがって、上記のマクロ経済学におけるGDPの理解の仕方を一言でまとめるとすれば、「極めて重要な経済尺度であるが、それだけで国民の幸福が完結するほど話は単純ではない」ということになる。当然のことではあるのだが、読者のみなさんにも、この微妙なバランス感覚が伝わることを期待したい[※2]。

産業分類から見る

　以上の問題意識を踏まえ、都道府県レベルの統計データに基づいて秋田経済の特色を見ていこう。まずは産業分野別の姿である。図1と図2は、秋田県と日本全体について、それぞれ域内における産業別の付加価値の割合を示したものである。図中ではそれぞれの産業はA～Qのアルファベットで表されているが、その対応関係は表1のとおりである。この産業分類は、日本標準産業分類と呼ばれるものである。当然ながら細かい点において様々に違いがある一方で、いずれも大雑把には農林水産業である第一次産業（AB）の割合が小さく、情報通信業や金融、卸売・小売業など様々な業種が含まれる第三次産業（F～R）の割合が大きいという共通点があることがわかる。

　国際マクロ経済学における一つの考え方として、経済は特定の発展パターンをたどるものというものがある。ペティ・クラークの法則によれば、まず伝統的に続いてきた第一次産業（農林水産業）において農耕技術が発展する。それによって、より少ない労働投入での生産が可能になるとともに、生存のためのカロリーも容易に摂取できるようになる。その帰結としての人口増加によって第一次産業における余剰の労働力および失業が発生するが、そうした労働者は仕事を求めて農村から都市部へ移動する。こうして都市部における工業化、すなわち第二次産業化が後押しされることになる。その後、そ

※2　こうしたマクロ経済学的な視点についてより発展的に学ぶためのテキストとして、例えば矢口・坂本（2016）や小峰・村田（2020）などがある。

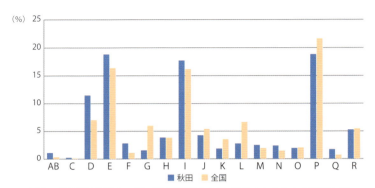

図1　産業別GDPシェア：H27秋田と全国（経済センサスより筆者作成）

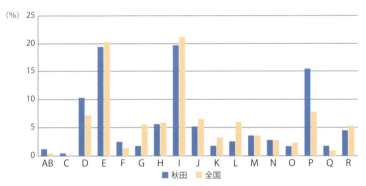

図2　産業別GDPシェア：R2秋田と全国（経済センサスより筆者作成）

うした第二次産業におけるサービス部門のアウトソーシング化[※3]などに伴う多様なサービス産業の創出の過程を経て、経済は最終的に第三次産業を中心とした構造に落ち着くことになる。

　こうした産業構造の変遷それ自体は単なる事実であり、そ

※3　社内の業務を外部に委託する経営手法のこと。例えば家電メーカーにおいて、それまで社内に置いていたカスタマーサポートセンターを他社のコールセンターに委託する、といったやり方のことを指す。

表1　日本標準産業分類

A	農業，林業	K	不動産業，物品賃貸業
B	漁業	L	学術研究，専門・技術サービス業
C	鉱業，採石業，砂利採取業	M	宿泊業，飲食サービス業
D	建設業	N	生活関連サービス業，娯楽業
E	製造業	O	教育，学習支援業
F	電気・ガス・熱供給・水道業	P	医療，福祉
G	情報通信業	Q	複合サービス事業
H	運輸業，郵便業	R	サービス業（他に分類されないもの）
I	卸売業，小売業	S	公務（他に分類されるものを除く）
J	金融業，保険業	T	分類不能の産業

れ以上の何かではない。ただ、それが望ましい変化なのか否かを考えるとすれば、その判断はなかなかに難しいものとなる。

　例えば、日本における賃金上昇ペースが国際的に見ても緩やかであることは、近年においてしばしば指摘されるところである。賃金上昇を実現するために必要なものは様々に考えられるが、もっとも素朴に考えるとすれば、それは一義的には労働者の稼ぐ力、すなわち労働生産性となる。これは、労働者が企業に多くの利益をもたらしてくれるのであれば、賃金もまた自然に上昇していくだろうという考え方が背景にある。製造業に代表される第二次産業では、資本設備投資との相乗効果によって労働生産性の上昇が相対的に着実に達成され、賃金もまた安定的に上昇する傾向があると一般に考えられている。

　これに対して第三次産業、とりわけ宿泊業や飲食業といった狭義のサービス業においては、相対的に労働生産性が伸び

づらく、そして賃金もまた上昇しづらい傾向があるということが一般的に知られている。この原因として、そもそも労働集約的な産業構造となっていることや、繁忙期と閑散期における雇用調節のために非正規雇用に頼らざるを得ないこと、そして対人サービスの供給地と消費地が基本的に一致しているために財・サービスの移輸出が困難であることなどが挙げられる。

　他方で、IT産業などの特定の第三次産業においては、逆に高い生産性を実現する少数のプレイヤーが富を独占する傾向にあると言われる。とりわけ、グーグルやアップルに代表されるアメリカのビッグ・テックは、伝統的な製造業の大企業と比較して大幅に少ない労働者で極めて大きな付加価値を生み出していることが知られている。これは一人あたり労働生産性の向上および企業の成長という意味では好ましいことだと言えるが、国あるいはグローバルな規模における賃金格差を生み出すという点では危うさもまた無視できない。

特化係数から見る

　こうした産業ごとの特色を踏まえつつ、秋田経済の産業構造をさらに詳しく見ていこう。図3は、秋田県の平成27年と令和2年における特化係数を表したものである。ここで特化係数とは、その地域における特定産業の付加価値が占める割合について、日本全体における同じ産業のそれと比較したときの相対的な集中の度合いを表す指数である。言い換えれば特化係数は、その地域が重点を置いている産業は何なのか、

126　秋田を学ぶ〜自然と社会〜

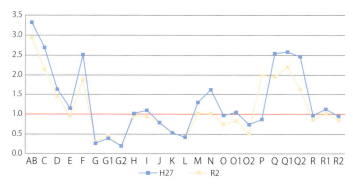

図3　秋田県における特化係数（経済センサスより筆者作成）

ということを表現する相対的な地域間比較のための指標である。

具体的な定義は以下のとおりである。地域iにおける付加価値の合計を100％として、その地域における産業jの付加価値がその全体に占める割合を$X_{i,j}$で表す。例えば秋田県内における製造業の付加価値シェアを$X_{秋田, 製造業}$、同様に日本全体での製造業の付加価値シェアを$X_{全国, 製造業}$としたとき、秋田県における製造業の特化係数は以下のように表される。

$$(秋田県における製造業の特化係数) = \frac{X_{秋田, 製造業}}{X_{全国, 製造業}}$$

仮にその産業の域内シェアが全国シェアと全く同じであった場合、特化係数は1に等しくなる。一方でその地域の特化係数が1よりも大きい場合は、全国シェアと比較してその産業に集中していることになる。逆もまた然りである。

秋田県の特化係数について、まず平成27年から令和2年に
かけての経時的な変化を見るとすれば、Ｐの医療・福祉の大
きな減少が目に留まる。令和2年3月は、コロナショックが
われわれの生活や経済社会を脅かすようになった節目の時期
であった。それに付随して、日本全国において様々にコロナ
ウィルスへの対策が取られてきたことは記憶に新しい。その
中で、医療・福祉産業の規模も全体として拡大してきたはず
である。しかし既に述べたとおり、特化係数はあくまで相対
的な指標である。仮に秋田県内における医療・福祉の産業規
模に全く変化がなかったとしても、日本全体における医療・
福祉の産業規模が変化すれば、その秋田県における特化係数
は変化する。平成27年の特化係数を見てわかるとおり、秋
田県はもともと医療・福祉にやや特化した産業構造であった。
しかし、コロナショックに伴って全国シェアがそれを上回る
勢いで増加した結果、相対的には秋田県における特化の度合
いが下がったということになる。

　また、いずれにおいても概ね共通する全体的な傾向を見る
とすれば、まずＡＢの農林漁業の大きさが際立っていること
がわかる。図1・2のとおり秋田県・全国を問わず第一次産業
が付加価値全体に占める割合それ自体は、必ずしも大きいも
のではない。しかし全国シェアと比較した相対的な位置づけ
として見れば、このように特化係数が大きくなることがわかる。
他に特化係数がおおむね1を超えている、すなわち日本全体
のシェアよりも相対的に特化している産業としては、Ｃ～Ｅ
の第二次産業全般やＦの電気・ガス・熱供給・水道、Ｍの宿泊・

飲食サービス、Nの生活関連サービス・娯楽、Qの複合サービスなどが挙げられる。

　なお繰り返しになるが、特化係数はその地域における特定産業への集中の度合いを相対的に表すものに過ぎず、集中しているからといってその産業が「強み」を持っており、高い効率性とそれを背景とした高い賃金水準が保証されるというわけではない。これはその逆もまた然りである。要するに、特化係数の度合いとその産業における労働生産性や賃金水準の度合いは、また別の話としてそれぞれ見ていくしかない、ということである。

　こうした、労働生産性という異なる視点から秋田県の産業構造を見てみよう。図4・5・6は、それぞれ全産業と製造業、そして宿泊・飲食サービス業に関する労働生産性の都道府県比較（平成27年）を示したものである。いずれも横軸は一人あたり県内純生産であり、ここではこれを「労働生産性」と定義する。

　まず図4の全産業を見てみよう。図からは、一人あたり県内純生産と所定内給与額には概ね正の相関関係[4]があることが窺える。生産性および平均賃金が他の都道府県から飛び抜けて高い点が、東京都である。図5は製造業において同様の関係を見てみたものである。産業全体と同様にして概ね正の相関関係が窺えること、そしてやはり東京都の労働生産性の

---

[4]　2つの変数同士の関係を見たとき、一方の変数が増加したときにもう一方の変数もまた増加している関係があることを指して、「正の相関関係がある」という。逆に、一方の変数が増加するときにもう一方の変数が減少している関係を指して、「負の相関関係がある」という。

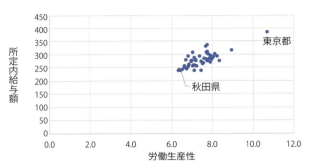

図4　全産業の労働生産性比較（県民経済計算および経済センサスより筆者作成）

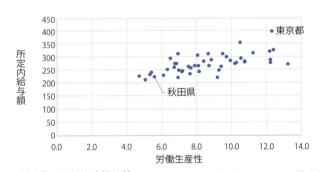

図5　製造業の労働生産性比較（県民経済計算および経済センサスより筆者作成）

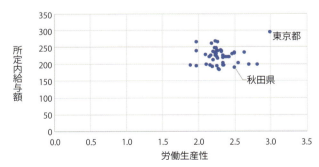

図6　宿泊・飲食サービス業の労働生産性比較
（県民経済計算および経済センサスより筆者作成）

高さが際立って特殊であることがわかる。製造業においては資本設備の集約や刷新が労働生産性に極めて大きな影響を与えること、そして産業やインフラ、労働力の集積による様々なメリットなどが、この特異性の背景にあると考えられる。図6は宿泊・飲食サービスにおける同様の関係を見たものであるが、実は秋田県はこの産業分類においては全国6位の労働生産性を達成している。とはいえ、サービス業はもともと労働生産性自体が相対的に低水準であり、その所得との相関も弱いことから、賃金が伸びづらい構造があることが推測される。このことは他の2つの図と比較して、図6における労働生産性（横軸）のスケールが相当に小さい範囲のものとなっていることからも確認できる。加えて需要地と消費地が同じという制約によって、例えば輸出が可能な製造業と比較して、規模拡大によるスケールメリット[5]を相対的に受けづらいという問題も抱えている。

　ただしこうしたサービス業の弱点を逆転の発想で考えるとすれば、地方経済にとってサービス業はむしろ活路ともなり得る、ということも言える。地域間の労働生産性の差が小さいということは、秋田県ならではの魅力を生かした生産性向上によって、逆に賃金格差を容易に埋められる可能性があるからである。そしてまた、需要地と消費地が同じであるがゆえに、秋田の豊かな自然環境を地域外の観光客に実際に体験

---

[5]　規模が拡大するにつれて、何からの経済的な優位性が実現されることを指す。ここでは特に、製造業が規模を拡大して輸出による売り上げ増加を実現できるのに対して、例えば旅館が規模を拡大したとしても、拡大した分の部屋を他の場所に移動する（＝輸出する）ことは不可能であるため、その売り上げは実際に旅館に足を運んでくれる宿泊客の数に制約されるということを意図している。

してもらうことも可能だろう。

　いま、円安インフレと労働力不足時代を迎えた日本の経済社会は、一つの大きな転換点にある。そうした経済社会の移り変わりにおけるプラスとマイナスの影響の両方を前にして、前者をたくましく貪欲に取り入れていくこと。そして地域資源を活かす上で、まず地域に生きる地元の人間自身が地域における変化を楽しむとともに、その魅力を自分ごととして外部に積極的に発信していくこと。そうした好ましい流れをつくる中で秋田ならではの新しい産業構造が形作られていくならば、秋田経済の将来は明るいはずである。

物価と賃金から見る

　最後に、賃金と物価の側面から地域の姿を見てみよう。俗に、「地方は東京よりも賃金が安いが、物価も安いので生活は楽である」と言われることがある。これは事実だろうか。

　賃金水準を考えるとすれば、労働市場におけるその人の労働者としての資質、すなわち高い労働生産性から、極めて高い賃金水準で働く人々もいるだろう。しかし、おそらくそうした人々は一握りであり、厚生労働省が定める最低賃金水準からそう離れていない賃金で働く人々によって、経済社会の少なからぬ部分が支えられているはずである。

　図7は、近年における最低賃金水準の推移を示したものである。この十数年において最低賃金は全体として着実に上昇してきたことがわかる。この中で目立つのが、2007年ころからの東京都における最低賃金の急上昇である。もともと全

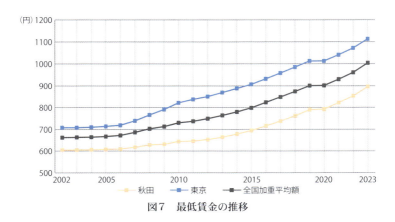

図7　最低賃金の推移

国で最も高い水準にある東京都の最低賃金がさらに急激に引き上げられたのはなぜか。その背景にあったのはおそらく、「東京の実質的な最低賃金は実は全国最低レベルである（あった）」という事実である（森川，2010）。

図8は、地域間の物価格差を考慮して、47都道府県における名目最低賃金を実質化[※6]したものである。2007年の民営借家世帯が直面する物価水準を考慮した実質最低賃金で見た場合、意外にも東京都は全国で最も低い水準となっていたこ

※6　例えば去年と今年の（名目）賃金が等しく220万円、去年の生活費が100万円だったとする。今年において、去年と全く同じ生活を営んでいたにも関わらず生活費が110万円に増加したとしよう。これはつまり10％の物価上昇（インフレーション）ということになるが、このとき当初の220万円という賃金の価値は同じだと言えるだろうか。仮に去年の生活費100万円を「1」という数字に置き換えると（指数化すると）、同様に今年の生活費110万円は「1.1」という数字に置き換えられる。名目上の賃金である220万円をこの1.1で割ると200万円という数字が得られるが、これが去年の物価を基準としたときの今年の「実質賃金」と呼ばれるものである。すなわち、当初の220万円という名目賃金の価値は、物価上昇によって実質的には低下したということである。このように経済学では、名目上の価値に対して、物価を考慮した実質的な価値に置き換えて分析を行うのが一般的である。

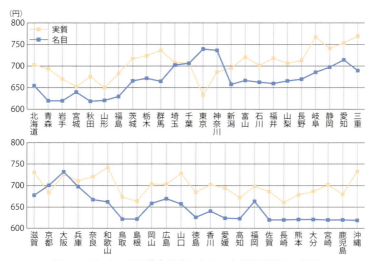

図8　2007年・民間借家世帯における実質最低賃金の比較
（消費者物価地域差指数より筆者作成）

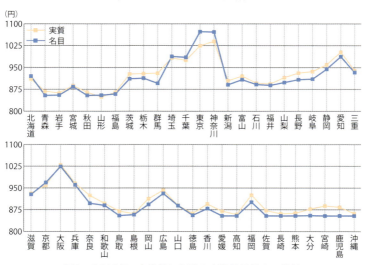

図9　2022年・全世帯における実質最低賃金の比較
（消費者物価地域差指数より筆者作成）

とがわかる。そこでは名目値としての最低賃金は高い水準にあるものの、物価水準の高さによってそれが相殺されてあまりある、というわけである。2007年ころ以降の東京都における最低賃金の急激な引き上げの一つの背景として、この是正のための政策対応という側面があったというのは、それほど間違った推測ではないように思われる。

　ところで、以上を踏まえるとすれば、さらに気になることが出てくるのではないだろうか。すなわち、それでは現在はどうなっているのか、ということである。図9は、2022年における実質最低賃金を表したものである。さきほどとは逆に、東京都がやはり名目・実質ともに最も高い最低賃金水準となっていることが確認できる。

　この数十年におけるこうした逆転現象が生じた要因には、まず一つにはさきほどの最低賃金の着実な上昇があるが、もう一つの要因として、地域間の物価格差における変化がある。図10は、2020年の全国レベルの物価水準を基準（＝100）として、物価水準の推移を比較したものである。1990年代における物価指数は、東京都区部と東北地方において大きく乖離していた。しかし不良債権問題を背景とした大企業の経営破綻が相次いだ2000年前後や、2008年のリーマンショックと2011年の東日本大震災などの景気後退期のたびに、特に東京都区部において相対的により強く物価下落（デフレ）が進んだ。その一方で秋田市・東北地方においてはそうした不況期における物価下落の影響は相対的に弱かったこと、加えて2020年以降のコロナショックにおけるエネルギー・光熱費に代表

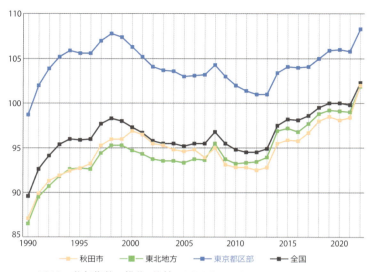

図10　物価指数の推移：比較（消費者物価地域差指数より筆者作成）

されるインフレの影響がより強く出ていることから、近年において東京都区部との物価格差は実は縮まってきていることが見て取れる。すなわち、先に提示した「地方は東京よりも物価が安い」という仮説は、確かに絶対的な水準としては依然として成り立っているものの、その度合いは近年においては弱まってきている、ということになる。

　東京都が日本全体の発展を牽引する都市であるということは論を俟たないが、東京一極集中による地方の疲弊が顕在化する現代である。地方に生きる人々の生活に関わる実質最低賃金という側面からも、インフレ時代の国民生活を考えるという側面からも、地方経済のあり方に関する政策的な議論がいま、必要とされているのではないだろうか。

参考文献

金森久雄・荒憲治郎・森口親司（編）（2013）『有斐閣経済辞典』，有斐閣，第5版.

小峰隆夫・村田啓子（2020）『最新　日本経済入門』，日本評論社，第6版.

森川正之（2010）「地域間経済格差について：実質賃金・幸福度」，RIETI Discussion Paper Series，10-J-043.

矢口和宏・坂本直樹（編）（2016）『経済学概論』，みらい.

統計データ

厚生労働省「地域別最低賃金改定状況」

総務省「消費者物価指数」

総務省「消費者物価地域差指数」

総務省・経済産業省「経済センサス」

内閣府「県民経済計算」

Column コラム5

能代での調査にもとづく市民協働の提案

和泉　浩

　令和元年（2019年）度の「地域学基礎」の講座3（講座担当教員：荒井壮一、和泉浩）では、5人の1年次の学生が能代市を中心に秋田県の市町村などの市民協働・市民参加について調べ、能代市に提案を行った。

　能代市を対象にしたのは平成29年（2017年）度から地域文化学科の学生たちが、この講座担当の2名の教員とともに能代市の総合計画について検討する能代市総合計画市民協働会議に参加していたためである。

　全国のさまざまな県や市町村、海外での市民協働・市民参加の事例、報告書、論文などの先行研究を調べるとともに、担当を決めて秋田県内全市町村の市民協働・市民参加の取り組みについて調べた。9月24日に実施した能代市での調査では、能代市長、能代市企画部総合政策課職員、能代市市民活動支援センター長（能代市総合計画市民協働会議の副委員長でもあった）にインタビュー（聞き取り調査）を行った。市役所でのインタビューには北羽新報の記者も同席し、学生たちが取材を受け、記事にも取り上げられた。11月には、令和元年度の能代市総合計画市民協働会議に参加した上の学年の学生たちからも会議の様子や会議に関する意見などについて話を聞いた。

　調査の結果は12月に学内で発表するとともに、その後も調査と検討を続けて報告書をまとめ、3月末に能代市役所に提出した。学生たちの提案は、具体的には以下のようなものであった。

　調査をとおして、市民協働・市民参加や市民活動についても高齢化などによる担い手不足という課題が明らかになった。このため、これまで以上に地域間や組織間での「横のつながり」を持つこと、

能代市長へのインタビュー

　例えば、市と学校・PTAと活動団体が協力して市民活動祭のようなイベントを開催することを提案した。学校やPTAとも協力することで、より多くの子どもたちが参加し、親世代などの参加も見込め、地域の賑わいにもなる。また、子どもたちにとっては地域のさまざまな活動に目を向けるきっかけになり、親や地域の人たちには地域の価値を再認識する機会にもなる。美郷町では学校と市民活動団体が密接に連携しながら活動や行事を行っており、「一つの地域」としての意識を市民が持つことによって市民協働をいっそう推進できるのではないかというのが提案理由である。

　能代市の市民協働会議については、先進的な取り組みである一方で、会議での提言が必ずしも市政に反映されているとはいえない点や、検討事項の多さ（会議時間の短さ）などの課題が明らかになった。この点については、提言に対して強制力・拘束力を持たせるために、委員を合理的に選出する方法を検討することや、会議での決議に関する条例や規定などが必要になることを指摘した。海外の事

Column コラム 5

能代市職員へのインタビュー

　例として調べたドイツのブレーメン市などでは都市内分権が行われており、こうしたものを参考に、例えば中学校区のようにある程度まとまった地域での代表者を会議の委員として選出することも提案した。能代市も市町村の合併がなされたが、より細分化した地域での意見を聞くことで、より細やかな行政サービスが可能になる。

　全体的な課題としては、市民協働・市民参加に関する市民の認識・意識が低い点と参加層・参加者の固定化があり、これについては講演やワークショップ、情報発信などを継続的に行うとともに、若い世代が何かの「ついでに」感覚で参加できるイベントの開催や、「地域の特色を生かした教育」の必要性についても提案した。

　1年生にとっては市民協働や市民参加、「新しい公共」、都市内分権などはじめて知ることが多く、かなり本格的な取り組みになったが、学生たち若い世代の力が感じられ、また地域の多くの方たちからの協力を得られ、大学が地域に支えられていることを実感した活動でもあった。

市民活動支援センター長へのインタビュー

第6章 秋田の観光

観光に関するデータ分析

高橋　環太郎

観光のデータ

　「秋田県民がイメージする地元の観光地の特徴を説明できるか？」と問われれば、県外出身の私は残念ながら「できない」というのが答えとなる。数年前、秋田学基礎の中で秋田の観光について授業をしてくださいとお願いされたときには戸惑った。

　しかし、それでは「自分は何のために秋田大学にいるのか」ということになる。ただ、「秋田を対象とした観光とデータ分析」であれば、なんとかできると考えた。ということで、この章のタイトルで秋田学基礎の一コマの講義を担当させてもらっている。

　大まかな内容としては昨今の観光データの種類や調べ方を紹介し、具体的に秋田の観光データを用いた分析手法について簡単に解説するというものとなっている。

　観光分野において、統計データは市場を把握する指標や政策立案の基礎資料として世界各国で活用されている。国内では2006年に観光立国推進法が制定されたころより、UNWTO（世界観光機構）の定めた国際基準に沿って観光統計の整備が進んでいる。そのため自治体や観光庁を中心に地域ごとの宿泊客数やインバウンドの旅客数などが公表されており、簡単

図1　各分析ツールのダウンロードサイト

なデータであれば、だれでも取得および閲覧できるようになった。

このように統計データの取得が身近になりつつあることから観光データを解析する機会が多くなっている。解析の際、統計データをそのまま利用することもあれば、グラフや表、地図で可視化することもある。こういった場合、統計解析や地図でデータを示すためのソフトが用いられる。

そこで本章では最初に研究や実務で用いられる分析ソフトの紹介を行う。ソフトウェアの紹介を行ったうえで、秋田県の観光データを用いた研究から統計解析の箇所を中心に焦点を当て、解析手法や結果の読み取りについて大まかに学んでみよう。

分析ソフト

講義の中で統計について話すと学生の反応は様々である。秋田学基礎に関していえば、秋田の観光について楽しく学べ

ると思った学生からは残念ながら不評である。一方、高校の総合学習の時間に統計ソフトを使って分析をしたことがあるので興味をもったといった学生もいた。

　筆者は専門家ではないが、学校教育の中でパソコンを使う機会が多くなったことは事実である。学生にたずねたところ、総合学習などで調べ学習や実習で集めたデータ処理などで使っているとのことだった。こうした学習の経験から、彼らは興味を持ってくれたのだと勝手に解釈している。

　授業で紹介する分析ソフトは高校や大学の授業で使われることも多いが、専門的な論文でも利用されているものとなっている。長所としては無料でインストールできるため、気軽に使えるといった点があげられる。

　最初に紹介するのはテキストマイニングという手法で用いられるKHコーダーである。詳細は後述するが、記述された文字（テキスト）データを分析するソフトである。アンケートの自由記述や新聞や雑誌の記事を分析する際に用いられる。KHコーダーは立命館大学の樋口耕一氏が開発したオープンソースのソフトで、テキストマイニングの多様な手法が実装されている。樋口氏は社会学を専門とされているが、新聞記事や会話記録などのテキスト型のデータを計量的に分析する手法の開発を行っている。KHコーダーはこの方法の実現のために開発されたものである。ソフトのダウンロードサイトでは操作の方法だけではなく、ユーザーからの質問掲示板やKHコーダーを使った先行研究の一覧がある。テキストマイニングについて深く学習したい場合は当サイトから始めてみ

るのがおすすめである。

　次に紹介するのは統計解析ソフトのCollege Analysisである。開発者は福山平成大学の福井正康氏である。福井氏は工学出身の研究者であるが、現在は経営学部に所属している。そのためCollege Analysisの開発目的は「大学の文系学部と一般教育の数理系授業で使用すること」となっており、ソフトの操作自体はわかりやすいものとなっている。ダウンロードサイトには教材マニュアルが豊富にある。このため、ソフトの操作以外にも仮説検定や多変量解析といった統計手法を実践的に学びたい場合は、おすすめのサイトとなっている。本章では因子分析でCollege Analysisを用いた。因子分析についても後述するが、複数のデータの関係性を集約することで物事の原因を探ることを目的とした多変量解析の一種である。

　最後に紹介するのはMANDARAである。MANDARAは故谷謙二氏（当時、埼玉大学）により開発されたもので、GIS（地理情報システム）のソフトウェアである。GISは最短ルートや土地利用、自然災害の起きる確率などの地理情報を地図上に重ねて分析するシステムとして高校の地理総合でも紹介されている。GISソフトウェアで扱われるデータは様々であるが、MANDARAはエクセル形式の統計データを地図化する際に便利なツールとなっている。ダウンロードサイトではソフトの操作以外にも各地域の今昔マップや災害地図も閲覧できるため、高校や大学で地理の教材として活用されている。GISによる地図の分析は人口や産業などの数値データと空間の関

係を分析する上で重要な手法であり、地域研究を行う際は一般的な手法となっている。本章では因子分析の結果を可視化する際に用いている。

テキストマイニングという手法

テキストマイニングとは文章から意味のある情報や特徴を見つけ出そうとする分析手法のことである。基本的なやり方は文章を品詞や文節で分解し、それぞれの単語や品詞の出現頻度や結びつきから特徴を抽出するという手法である。SNSや口コミサイトにおける投稿において、どのような単語がよく使われているかなどの傾向を示すときに用いられることがある。このため、近年はメディアにおいてもしばしば見る機会が多くなっている。

テキストマイニングの長所は大量に記述されたデータを数値化し、その中から特徴を見出すことである。学術研究でも、テキストマイニングはSNSやアンケートの自由記述をはじめとした文字のデータを活用した分析に用いられる。観光学においても、情報学や地理学の研究者を中心に観光者の行動パターンや観光地のイメージを明らかにすることを目的にテキストマイニングの手法が応用されている。

地域の情報は観光者と観光地を結びつける役割をはたしていることから、研究では様々な情報媒体が分析対象として活用されている。例えば、SNSや口コミサイトは観光者の反応や感想が記載されていることが多いため、行動パターンやリアクションを把握する調査で活用されている。また、観光地

の情報が記載されたガイドブックは地域の情報が書かれた情報媒体として古くから使われている。現代でも数多くのガイドブックが出版され、観光者に対して必要な情報を提供している。こうしたガイドブックを用いた研究では、地域イメージを抽出することを目的にした研究が行われている。

地域性を取り入れた道の駅

　道の駅は1990年ごろから創設されたもので、「休憩機能」「情報発信機能」「地域連携機能」を有していることが登録要件とされている施設である。施設としての特徴は、運営を行う上で地域の特色が反映されやすい点があげられる。登録要件のひとつである「地域連携機能」の中には地元の農家との連携や特産品販売を促進する機能があり、各道の駅では地元産の農作物を使った料理などの製造販売を行っている。また、物販だけではなく、「情報発信機能」を有していることから、地域観光の拠点という役割を担っている。

　テキストマイニングの手法を用いて、ここでは道の駅に関するガイドブックから秋田県における道の駅の特徴や地域との関係性について分析を行う。道の駅は前述の機能を有していることから、本章では地域イメージを凝縮した施設として位置づけ、分析を行った。

　資料として用いたのはコスミック出版の「道の駅完全ガイドブック2021-2022：最新版」である。各項目には道の駅の住所や写真などの基本情報のほかに、100字程度で道の駅の紹介文が掲載されている。紹介文には道の駅の見どころや代

第6章　秋田の観光―観光に関するデータ分析―　147

表1　頻出語一覧

抽出語	出現回数
道の駅	16
温泉	15
秋田	15
使う	12
レストラン	10
施設	10
特産	10
楽しめる	9
人気	9
地元	9
直売	9
販売	9
里	9
揃う	6
農産物	6
併設	6
ソフトクリーム	5
メニュー	5
位置	5
加工	5
花	5
杉	5
鳥海山	5
比内地鶏	5
米	5
野菜	5

表的な取り組み、名物などが書かれている。

表1はガイドブックから抽出された単語のうち、文章の中で5回以上登場した26語である。上位にあるものは「道の駅」や「秋田」といった用語である。

道の駅は地元の特産品を販売するほか、秋田の道の駅には温泉施設が併設されているところがあり、温泉という単語が紹介文で使用されていることがわかる。一般的な道の駅にある施設としては特徴的な単語であり、「温泉」は秋田の道の駅の特徴のひとつとなっている。

続いて、「農産物」「野菜」「ソフトクリーム」「比内地鶏」といった食べ物を連想させる単語が上位にある。道の駅では地元の食材を組み合わせた料理が販売されていることが多いため、登場回数の多い用語となったと考えられる。

次に、これらの単語の結びつきを明らかにするため、ネットワーク分析を行った。ネットワーク分析は数

学のグラフ理論を応用した分析手法となっている。グラフ理論の「グラフ」は点と点を結ぶ線によって示された図形のことである（クイズや脳トレで行う一筆書き問題も一例といえる）。ネットワーク分析はこの考えを応用することで、様々な関係性の実証を行う分析手法となっている。

　例えば、「世間は狭い」といわれることがあるが、世界中の人々の知り合い関係を結んだ場合、思いのほかすぐに有名人にたどり着くとされている。スモールワールド現象ともいわれているが、この場合、各人を点とし、知り合いであれば線で結ぶという図が描かれる。メディアでも取り上げられることもあるが、一説には80億人の人口がいるとすれば概ね4～6人ほどで有名人にたどり着くとされている。

　上記では人の結びつきを示したネットワーク分析の例であったが、テキストマイニングでは言葉の結びつきを分析する際に応用される。頻出語の分析ではどのような言葉が多く用いられているかといった特徴をつかむことができたが、それらの言葉がどのような言葉と結びついているかは示されていなかった。用語の結びつきを分析することで、具体的な特徴を把握することが可能となる。ここでは頻出度上位60位の単語を対象に共起する単語の分析を行った。

　図2はネットワーク分析の結果を示したものである。点の大きさは単語の頻出度を示している。また、点の濃淡はネットワーク上のある点がほかの点の最短経路上に位置する程度を示す媒介中心性と呼ばれる指標を示している。この指標は単語のつながりにおける重要度を示したものと解釈され、値

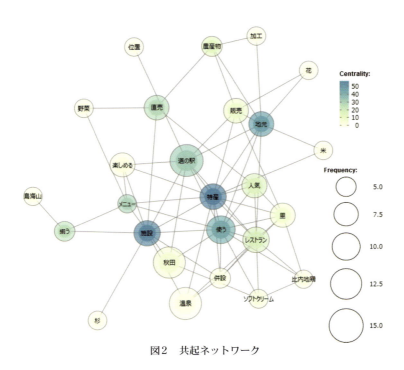

図2　共起ネットワーク

が高い単語ほど文章中の共起関係が強いことを示している。

　媒介中心性の高かった単語は「特産」「施設」であった。それぞれの結びつきを見ると、「特産」は「販売」や「メニュー」「使う」といった地域の料理を連想させる用語との結びつきが強いことがわかる。地域性のある食材としては「比内地鶏」が連想されるが、「ラーメン」や「丼」といった用語とつながりがある。また、「施設」は「温泉」「眺める」「日本海」といった用語と結びついている。秋田の道の駅には温泉施設が併設されている箇所があるが、オーシャンビューとなっていることが

ひとつの特徴となっていることを示している。以上のように
ネットワーク分析から、道の駅は地域の特産品の販売をする
ことのほかに、特色のある施設に関する記述が明らかとなっ
た。

　今度は視点を変えて、登場回数の多い単語と市町村の関係
を明らかにしてみたい。

　各項目の関係を示したものが図3である。横軸を見ると、
右方向に「花」「地元」があり、左方向には「比内地鶏」「秋田」
が水平方向に並んでいる。これらの用語は地域性のあるもの
を示した単語であることから、横軸は「地域性」を表している。

　一方、縦軸を見ると上方向には「直売」「野菜」などがあり、
下方向には「揃う」「楽しめる」などがある。これらの用語は
道の駅の役割である地元の特産品の販売や、道の駅の設備面
の特徴を示す単語であることから、縦軸は道の駅の「機能」
を表している。

　そこでこれらの単語と市町村との関係性が強いものをいく
つかのグループに分類して、図3に点線で示した。

　まず、第1グループは横軸の地域性に関して左方向に集ま
る「杉」や「比内地鶏」といった特産と関連の強い地域となっ
ている。第2グループは縦軸の機能に関して下方向に集まる
「温泉」や「施設」および「レストラン」といった施設面の単語
との関係のある地域となっている。第3グループは地域性に
関して右方向に集まる「農産物」や「花」といった道の駅で提
供される地域性のあるものに関する用語と関連性のあるグルー
プとなっている。第4グループは縦軸の機能に関して上方向

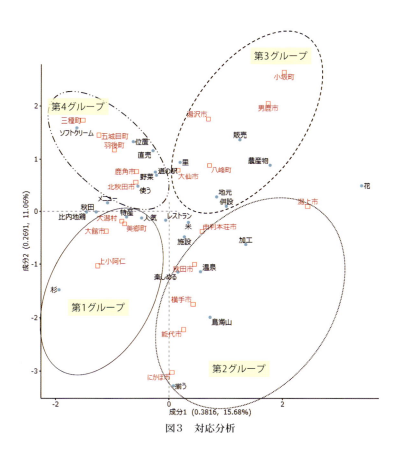

図3　対応分析

に集まる「野菜」、「直売」といった地域の食材を販売する道の駅の役割を示す単語と関連している地域となっている。

　第1グループに分類された市町村は、大館市、上小阿仁村といった地域が属している。第1グループは特産となりそうな用語と関連性が高いが、県北は比内地鶏や秋田杉といった秋田を代表する特産品があることが影響していると考えられ

る。第2グループは秋田市や横手市、由利本荘市といった地域が含まれている。道の駅自体の施設が充実していることなどがこのグループの特徴だと考えられる。第3グループは湯沢市や男鹿市などの地域が含まれている。これらの地域では地域性のあるものの販売や体験のできる施設があることが影響している。第4グループは北秋田市や鹿角市、五城目町などが属している。第4グループは地域の食材を販売する機能が充実した道の駅が特徴のグループと解釈した。地域で生産された食材を販売する機能は道の駅の基本的な役割である。ソフトクリームはアレンジがしやすく、キイチゴやナツハゼと組み合わせたメニューがある。

　秋田県の地域性について、道の駅ガイドブックを用いたテキストマイニングの手法から分析を行った。頻出語の分析では道の駅の機能面に関する単語が上位に並んでいた。特に「温泉」はほかの地域にある道の駅と比べても特徴的な用語といえる。また、「比内地鶏」や「ソフトクリーム」といった食を連想する単語が抽出された。比内地鶏は親子丼などでも用いられるが、出汁としても活用される。そのため道の駅で提供される「ラーメン」や「丼」といったつながりが共起ネットワークから読み取れた。さらにソフトクリームは地元の食材を取り入れやすい食であることが対応分析の結果から読み取れた。

因子分析という手法

　因子分析とは複数のデータからそこに潜む因子を見つけ出すことで、データの分類・集約やそれらの関係性を解明する

手法である。例えば、学校では文系と理系といったそれぞれの能力があるとされている。これを国語や数学、英語など複数の科目の点数を用いて、2つの能力に果たして分類できるかといった仮説を実証する場合に有用な手法とされている。

因子分析の計算過程は複雑であるため、詳細な説明が必要であれば統計学の専門書を参考にしてほしい。しかし、統計学の専門書といっても多岐にわたっている。実際、因子分析を含む多変量解析と呼ばれる手法に関する本だけでも数多く出版されている。さらに理論的な説明に重きを置いたものと統計処理を行うプログラムの操作を解説したのものなど種類が多い。そのため、自主学習をする上でも面倒なことが多い。そこで本章では多少調べやすくするため、用語や簡単な歴史を紹介したい。

因子分析はC.スピアマンという心理学者が学生の成績を眺めて、成績の間に相関があることに気がついたことがきっかけとなり、創案されたとされている。実際に彼が眺めていたとされる成績の科目は異なるようだが、先ほど紹介した学校での能力の例は日本風の科目に当てはめたものと考えられる。

因子分析をはじめ多変量解析で基本となるもののひとつが相関分析である。相関分析は2つの関係がどれほどあるかということを明らかにする分析手法であり、高校の数学でも扱われるものである。テストの成績でいえば、数学と理科の点数の相関、国語と英語の点数の相関を調べることで大まかな共通性を見つけることができる。しかし、相関分析では2つの関係性を実証するのみで、結論としてまとまりづらいとい

う側面がある。実際、国語と英語、国語と社会、社会と英語の相関係数が高い場合、何となくこれら3つの科目はまとまりそうだと考えるであろう。こうした場合に因子分析は有用な手法となる。

　先ほど、因子分析の計算過程は複雑と記載したが、計算過程の基礎には相関分析をもとに作成された相関行列を作成することが因子分析の基礎となる。さらに、この相関行列を用いて各項目とサンプルごとの影響度の計算が行われる。

　テストの例では各科目の相関から影響力が計算される。これを因子負荷量と呼ぶ。具体的には5科目のテストの点数のそれぞれの相関係数を求め、因子負荷量が推定される。推定される例としては、数学と理科が相関しているまとまり、国語と英語と社会の相関関係が大きいまとまりが因子負荷量から明らかとなる。これらの結果をもとにあらかじめ考えておいた仮説と照合しながら、統計的な実証が行われていく。この事例の場合、学校の勉強の能力には文系と理系の2つの能力が存在するという仮説を立てた。この仮説に対して5科目のテストの点数から数学と理科の相関が高いまとまりと国語、社会、英語の相関の高いまとまりが因子負荷量から抽出されたことになる。

　さらにサンプルごとにどの因子と関係しているかといった係数も同時に計算されるが、これを因子得点という。テストの事例の場合は受験した学生ごとに因子得点がつけられる。例えば、Aさんは理系因子の得点が高く、Bさんは文系因子の得点が高いといったように個別の能力についても分析が可

能となる。

　現代では統計ソフトによってこうした計算処理自体は比較的簡単に行えるが、計算された結果の解釈を行う上ではある程度の計算過程を把握する必要がある。前述の説明は因子分析の説明としてはかなり簡略なものとなっている。理論的なものとしてはまだ「因子の数」、「軸の回転」、「因子負荷量の推定方法」といったことを理解する必要がある。これらの説明をするとかなり長くなるので省略するが、自主学習を行う上でこれらの用語や概念は参考にしていただければ幸いである。

　数式で理解したい場合は高校数学でいえば行列や確率が使われることも念頭に置いておくと調べやすくなる。他方、文系向けに数式を排除したものやイラストで説明されたものがあるので、一度書店で立ち読みしてみることをおすすめしたい。

　上記の説明は本論と関係ないように思われるが、学際的な分野である観光学を研究する場合は数学的な理解もある程度は必要となってくる。もちろん研究を行う際には様々なアプローチが存在するため、数学や統計学が絶対的な学術分野ではない。しかし、漠然とした事象を明らかにする場合は統計学が有用なこともある。観光であれば、所得と観光需要の関係やリピーターとなりやすい人の傾向を明らかにする研究が行われている。

観光資源と季節性

　秋田県をはじめ、東北地域における観光は季節に大きく影

響を受けているといわれている。そこで秋田県の市町村における観光客数について季節の面から検討してみたい。

　ここでは因子分析を用いる。幅広い分野で応用されている分析手法であるが、地理学の研究では地域の分類を行うときに用いられる。例えば、経験的に都市地域や農村地域といった地域分類を行うのではなく、データを用いることで客観的に地域の特徴を把握する場合に因子分析が有用となる。先行研究の一部では最初の因子は第3次産業に分類される項目の因子負荷量が高く、次の因子は高齢者比率や第一次産業の因子負荷量が高いという結果が示されていた。この場合、最初の因子は都市的な因子と解釈され、因子得点が高い地域は都市地域に分類される。同様に、次の因子は農村地域として理解される。

　こうした研究を参考に、秋田県の市町村を観光客の季節性から分類できるのではないかという仮説を立てた。実証を行うため、月別観光客数のデータを用いて、因子分析を行った。

　使用した資料は秋田県観光統計の中から秋田県内の市町村と月ごとの観光客数が表記された項目である。秋田県25市町村の2018年1月から12月の観光客数のデータを分析した結果が表2である。

　因子分析の説明で述べた通り、項目の数だけ因子が推定されるため、今回であればソフト上では25の因子が推定される。実は、この決め方も複数あり、研究者によって考え方が変わる。ここでは固有値という指標を参考に行った。簡単に固有値を説明すると情報量や支配度と解釈され、集約された因子

表2　因子負荷量の結果

	因子1	因子2	因子3	因子4	因子5	因子6	共通性
大仙市	0.911						0.986
八郎潟町	0.892						0.960
秋田市	0.814						0.825
羽後町	0.795						0.989
鹿角市	0.726						0.983
五城目町	0.724						0.969
八峰町	0.683	0.606					0.947
潟上市	0.666	0.660					0.963
三種町		0.871					0.876
由利本荘市		0.788					1.000
にかほ市		0.705					0.942
男鹿市	0.631	0.693					0.999
能代市		0.683					0.808
大館市			0.790				0.937
東成瀬村			0.748				0.686
上小阿仁村			0.728				0.787
小坂町			0.691				1.000
北秋田市			0.617				0.981
井川町				0.956			0.963
大潟村				0.929			0.890
仙北市				0.913			0.849
横手市					0.878		0.866
湯沢市					0.758		0.998
美郷町						0.940	1.000
藤里町			0.601			0.761	1.000
寄 与 率	0.280	0.190	0.159	0.135	0.085	0.080	
累積寄与率	0.280	0.470	0.629	0.764	0.849	0.929	
符号調整済α	0.648	0.898	0.769	0.220	0.894	0.180	

のいくつまでを分析対象とするかの目安となっている。概ね1.0以上というのが目安となっており、今回の分析では6つの因子がこの基準を満たした。この方法についても否定されることもあり、概ねの派閥としては「少しでも多くの因子を残しておきたい」派、「いらない因子は削って無駄を減らしたい」派、「仮説をしっかりと立てて、事前に因子の数を決めとけ！」派といったものが主なものかと思われる。いずれにしても本章では6つの因子で解釈を進めていく。

　表2は因子分析の結果を示している。読み取りを行いやすくするため、高い値のもののみを示した。ここで高い値の基準を決める。因子負荷量は高い値を示しているものほど、その因子に影響しているというものであったが、値の範囲は−1〜1で示される。ここで「高い」値とは、絶対値が1に近いものである。今回の分析では負の値を示す因子負荷量はなかったが、分析によっては正負で因子の解釈が行われることもある。また、論文によって値についても異なる場合があるので、本格的に研究を行う際はこのあたりも先行研究を参考に考えなければならない。本稿では絶対値0.6以上の因子負荷量を基準に示すこととした。

　第1因子としてまとめたグループには市町村が9つあり、竿灯まつりのある秋田市や大曲の花火大会などで全国的にも知られる大仙市が含まれている。また、市町村数も多いことから秋田県の市町村が有する主要な季節性パターンと解釈できる。

　第2因子としてまとめたグループには7つの市町村がある。

第1因子と同様に多くの市町村が含まれているが、三種町や由利本荘市、にかほ市といった県北から県南の海岸沿いの地域が比較的高い因子となっている。

　第3因子のグループには6つの市町村がある。東成瀬村以外は北部の市町村でまとまっている。第4因子のグループには仙北市、大潟村、井川町の3つの市町村が、第5因子のグループには横手市と湯沢市の2つの地域が、第6因子のグループには美郷町と藤里町がまとめられた。

　このように、秋田県の市町村における観光には地域ごとに季節性のパターンがあることがわかるが、そこには地理的な要因もみとめられる。そこで、市町村ごとの違いを地図に示して見える化してみよう。

　図4は表2のデータをもとに、MANDARAを用いて市町村ごとに色分けした地図である。第1因子グループの市町村数は最も多く、その多くが県中央部（県央地域）にあることがわかる。第2因子のグループは沿岸部に分布しており、第3因子は内陸の県北部（県北地域）に集まっている。

　ここまでみたように、市町村の観光は、季節的な面と地理的な条件を同じくするグループに分類できることが明らかになった。そこで、それらのグループが特定の季節に影響を受けているかどうかを確認してみたい。

　表3は表2で確認した因子グループごとに、月別にその因子の点数化したものである。この数値が高い月ほど、その因子グループに属している市町村の魅力になる因子との関係性が高いことになる。表の太字は最も高い値を示している。

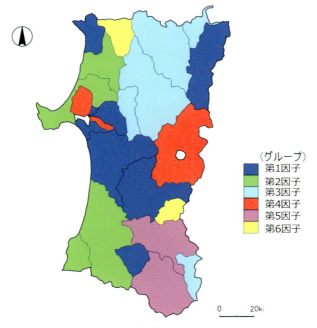

図4　因子負荷量による分類

　第1因子グループは8月にピークがあるのが特徴となっている。これは秋田県の概ねの季節パターンの特徴と一致し、竿灯まつりや花火大会などの代表的なイベントが開催される時期であることからこうした結果となったと思われる。

　海岸沿いの市町村の因子負荷量の高かった第2因子グループでは、7月に高い値を示している。夏季に観光客が多く訪れる地域となっており、海水浴などのレクリエーションにも影響されたものと推察される。

　第3因子グループでは10月の秋季に高い値を示したパター

表3　因子得点の結果

	因子1	因子2	因子3	因子4	因子5	因子6
01月	-1.138	-0.300	0.640	-0.305	**1.701**	-1.455
02月	-0.665	-0.589	-0.480	-0.452	1.017	-0.589
03月	-0.145	-0.530	-0.924	-1.004	-0.237	-0.015
04月	-0.224	-0.088	-0.746	**2.466**	0.415	-0.024
05月	0.058	0.136	0.367	1.565	-0.340	-0.538
06月	-0.382	-0.824	-0.144	-0.125	0.386	**2.798**
07月	-0.946	**2.836**	-0.417	-0.349	-0.301	0.421
08月	**2.550**	0.784	0.143	-0.316	0.905	0.109
09月	-0.259	-0.089	0.525	-0.450	-0.242	-0.158
10月	-0.295	-0.068	**2.648**	0.027	-0.233	-0.205
11月	1.195	-0.861	-0.723	-0.242	-2.184	0.055
12月	0.251	-0.406	-0.890	-0.815	-0.888	-0.399

ンとなっている。因子負荷量との関係から主に山間部と隣接した市町村の特徴となっており、ハイキングなどのレクリエーションが影響していることが推察される。

　仙北市や大潟村の因子負荷量が高い第4因子のグループでは、4月にピークがあることが特徴となっている。桜や菜の花の開花時期と関係しており、角館や大潟村の菜の花ロードと関係していることが推察される。

　第5因子グループでは、雪まつりで知られる横手市と湯沢市の因子負荷量が高い値を示していたが、因子得点も冬季のイベントと関係していることが明らかとなった。また、第6因子グループでは、美郷町や藤里町が分類されており、6月に高い値を示していた。

このように、市町村の観光に影響を及ぼす因子（要素）との関係を確認することで、地域における観光の特徴を明らかにすることができる。とりわけ市町村ごとの観光については多くの誘客が期待できるイベントの開催時期や地理的な条件をもとに、具体的にどの時期に観光客が集まっているかを把握することができた。

　本章は統計資料や出版物から秋田県の観光や地域性について統計的な分析を行った。分析で扱った資料は入手しやすいものであり、統計ソフトも無料でインストールできるものである。そのため比較的取り組みやすい内容となっている。

　本章で行った分析はほんの一例であり、地域を対象とした研究手法はデータ分析だけでも数多く存在する。地域の観光については、様々な角度から多角的に検討することで、その状況や課題も見えてくると思われる。本章が、地域における観光の課題解決の一助になれば幸いである。

参考文献

高橋環太郎.（2022）. 道の駅ガイドブックによる秋田県の地域性に関する分析. 秋田大学教育文化学部研究紀要　人文科学・社会科学，77，pp39-44.

高橋環太郎（2023）. 観光需要における季節性を用いた地域区分とそのパターン―秋田県を事例に―. 秋田地理，36，pp11-18.

データ一覧（統計データ）

秋田県「秋田県観光統計」

コスミック出版編集部（編）（2021）. 道の駅完全ガイドブック2021-2022：最新版. コスミック出版，pp56-61.

Column コラム 6

司法過疎と民事裁判のIT化・法律相談へのアクセス

棟久　敬

　筆者の講座では、弁護士へのインタビュー、裁判所見学などを通して、弁護士が最も少なく、裁判官が常駐していない地域もある秋田県における司法の課題やその解決策について考察している。

　秋田地方裁判所・家庭裁判所管内には、秋田本庁と5つの裁判所支部が設置されている（図を参照）。そのなかで、裁判官が常駐していない本荘支部の開廷は週2回、鹿角（大館支部）・角館（大曲支部）の各出張所の開廷は月2回となっている。裁判所へのアクセスという点で、この事態は地域格差を生じさせている。それを克服しうる可能性をもつのが、民事裁判のIT化・デジタル化であり、以下の3つのフェーズにより進められている（詳細は、山本和彦『民事裁判手続のIT化』（弘文堂、2023年）を参照）。

①当事者双方がWeb会議等によって弁論準備手続・和解期日に参加することができる（2023年に施行済み）

②Web会議により口頭弁論に参加可能となり、一部の書面についてもオンライン提出が可能になる（2024年に施行済み）

③訴状等のオンライン提出・システム送達訴訟記録の電子データ化（遅くとも2026年5月24日には施行予定）

　このように、民事裁判のIT化が進めば、裁判官が常駐していない地域でも、裁判所へのアクセスが容易となる。つまり、今後は居住地域に関わらず、裁判による紛争の解決や権利の救済を求めることができるようになる。これは、憲法32条が保障する裁判を受ける権利を実効的に保障するための取組みと評価することもできるだろう。

　しかし、民事裁判のIT化を進めるにあたって、以下の点について

秋田地裁の所管区分
(カッコ内は弁護士の人数、出典：秋田弁護士会HP)

の検討が必要であるように思われる。

　①特に高齢化率の高い秋田県においては、ITアクセス困難者への配慮が必要になるのではないか。ITアクセス困難者の裁判を受ける権利を保障するため、対面で訴訟に参加する選択肢を残しておく必要があるだろう（木下昌彦「民事裁判手続のIT化における憲法問題」法とコンピュータ39号（2021年）10-11頁）。

　②裁判所という空間で裁判を行う意義が失われてしまうのではないか。司法に対する国民の信頼という点から、IT化を進めると

Column コラム 6

　　　しても裁判所という空間の意義は失われないのではないだろう
　　　か（水谷瑛嗣郎「オンライン裁判から考える『裁判』像」法学セ
　　　ミナー791号（2020年）42-43頁）。
　③裁判のIT化を進めるのであれば、諸外国のように、当事者のプ
　　　ライバシーや争点における秘密の保持に配慮しつつ、裁判の模
　　　様を一部でもインターネット上で公開することで、国民の目に
　　　より開かれた裁判（憲法82条）を推進すべきではないか。

　秋田の司法におけるもう一つの検討課題は、弁護士の人数である。
秋田県の弁護士数は、2024年2月現在、78人で、弁護士1人当たり
の人口は11,710人と、全国で最も少ない。弁護士へのアクセスにお
ける地域格差は、法律相談へのアクセスの格差とはなっていないの
だろうか。

　日本全国すべての弁護士・弁護士会が会員となる（弁護士法47条）
日本弁護士連合会は、人口3万人に1人は弁護士が必要であるとして、
弁護士偏在解消のために地域の弁護士会・弁護士連合会とともに
「ひまわり基金法律事務所」を開設するなどの支援措置をとっている。

　秋田県内でも、1999年の時点では能代支部・横手支部（本庁・支部
の区分は図を参照）は弁護士が0～1人しかいない弁護士ゼロワン地
域となっていたが、ひまわり基金法律事務所の設置と弁護士の定着
により、現在は秋田県内の弁護士ゼロワン地域はなくなっている（そ
の他、本文では紹介できない秋田弁護士会の取組みについては、『あ
きたの司法2020』を参照）。しかし、弁護士が58人いる秋田本庁以
外の地域では、現在でも人口3万人に1人という基準を十分に達成
しているとはいえない状況が続いている。

　この問題について、秋田弁護士会へのインタビューにより調査を
行った。その結果、秋田本庁以外の地域は確かに弁護士が少ないが、
その分事件数も秋田本庁と比較するとごく少数にとどまり（秋田県

内の訴訟事件数のうち、2022年は民事事件については全体の62％、刑事事件については全体の58％を秋田本庁が占めていた）、本庁からの応援も可能であるため、「人口3万人に1人」という基準を十分満たしていない地域が多いが、秋田県内全体で弁護士の数を急激に増やす必要はない、むしろ事件の多い秋田本庁の弁護士が不足している、高齢者が法律相談にアクセスできているか不安があるなどの回答があった。

　以上により、民事裁判のIT化と同様に、弁護士へのアクセスにおいてもやはり高齢化率の高い秋田県独自の問題があることが明らかとなった。一方、高齢化率の高さ（人口に占める65歳以上の比率）を秋田県内で比較してみると、高齢化率の高い地域ほど弁護士の数が少ない。インタビューの回答にもあったように、弁護士の少ない地域ほど事件が少ないのは、高齢者が法律相談へのアクセスにおいて困難を抱えているためではないのか。この点については、今後より詳細に検証することが必要と思われる。

秋田弁護士会マスコットキャラクター「ききーぬ」
（同会提供）

第7章 秋田の産業

100年の歩みと成長産業

臼木　智昭

人口からみた100年

　100年前の日本は大正期。明治維新から推し進めてきた近代化により経済発展を遂げ、国民の生活水準は向上し、都市への人口流入が進みつつあった。

　本章のテーマである、この100年の秋田の産業の歩みを振り返るために、まずは経済発展の基盤である人口の動きをみてみよう。

　100年前の1920（大正9）年の秋田県人口は約90万人、1931年には100万人を超えて昭和期にかけて急増する。1956年にはピークとなる135万人（1920年の約1.5倍）まで増加している。その間には第一、二次の世界大戦、昭和恐慌、終戦直後の食糧難など、未曽有の困難に幾度となく直面しながらも、秋田県の人口は着実に増加している。（図1）

　その後は人口減少に転じ、1970年代のベビーブーム期に持ち直したものの、1980年代以降は減少の一途をたどっている。最近では、2017年に100万人を割り、人口減少が加速している。

　社会の活力は人口だけでなく、年齢構成にも影響を受ける。100年前の1920年の秋田は、子ども世代（0〜14歳）の割合が約4割（39.2％）、社会を支える若い世代（15〜64歳：生産年

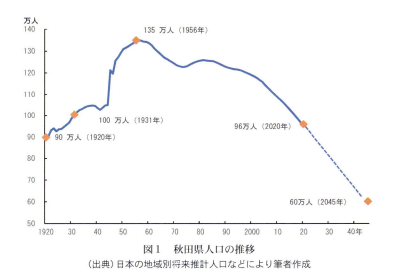

図1　秋田県人口の推移
(出典)日本の地域別将来推計人口などにより筆者作成

齢人口)が過半を占め(56.3%)、子どもが多く、若い世代が社会を支える活力に満ちた姿が想像できる。(図2)

　50年後の1970年には、子ども世代は24.4%と減少しているが、生産年齢人口は68.3%と増加している。高度経済成長期を通じて、就職や進学による若者の県外への流出が問題視されたが、この時期は秋田を支える若い世代は社会の多数を占めていた。

　その後は少子・高齢化が進行し、2020年には生産年齢人口は52.7%と100年前の水準に戻る一方、子ども世代は9.7%に急減するとともに高齢者世代は37.6%へと急増している。

　今後は更なる人口減少、高齢化が見込まれている。

　国の推計によれば、今から約20年後の2045年には30万人以上が減少し、秋田の人口は60万人程度になると予測され

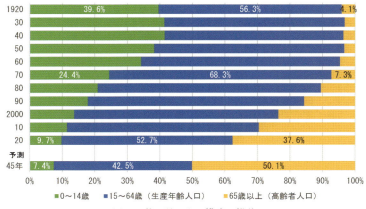

図2　秋田県の人口構成の推移
（出典）日本の地域別将来推計人口などにより筆者作成

ている。これは秋田県人口のピークである135万人の4割程度の計算になる。（図1）

　一方2045年には、人口に占める高齢者世代の割合は50.1％、生産年齢人口は42.5％となり、秋田の人口の半数以上が高齢者となることが予測されている。（図2）

　秋田では人口減少と高齢化が同時に、かつ速いスピードで進行するものと見込まれており、将来の秋田の活力をどのように維持していくか、今から議論を重ねていく必要があると思われる。

経済からみた100年

　秋田は自然条件、天然資源に恵まれ、古くから農業、林業、鉱業を基幹産業として発展してきた。

　稲作を中心とした農業は、「米どころ秋田」のイメージどお

り、秋田を代表する産業の一つである。

　また、全国有数の森林面積を有し良質な秋田杉を全国各地に供給した秋田の林業は、日本の人口急増と都市化による建築需要を受けて、大正・昭和にかけて大きく伸長している。

　一方鉱業は、江戸時代に栄えた院内銀山や阿仁鉱山など多くの鉱山を有する鉱業県として発展し、産出された鉱物資源はわが国の主要な輸出品として外貨獲得に貢献した。とりわけ大正から昭和にかけて大きな産出量を誇った石油は、わが国の貴重なエネルギー資源となり、秋田はその供給基地として活況を呈した。(図3)

　このように100年前の秋田県には、当時の日本の基幹産業が集積し、活気あふれる地域であったように想像される。そこで、当時の秋田の産業の姿をデータで確認してみよう。(図4)

　1916年には、秋田の総生産額に占める農産類（当時は生産品目ごとに生産額を集計していた）の割合は34.9％、同様に蚕糸類2.9％、畜産類1.6％、水産類1.1％、林産類11.1％となっており、いわゆる農林水産業が50.5％と過半を占めており、秋田の基幹産業であったことがわかる。特に注目したいのは蚕糸や畜産が盛んであったことである。当時は、物資を輸送する交通手段や流通網に制約があった時代であったことを考慮すると、20世紀初頭の秋田においても「自給自足」的な側面を残す社会であったことが想像される。

　また、鉱産類は42.2％を占めており、豊富な鉱物資源を産出していた「鉱山県」としてのイメージが浮かぶ。明治期に招へいした外国人技師らの指導により鉱物資源の採掘が効率化

図3　秋田県の主要な鉱山
(出典) 秋田大学鉱山絵図絵巻デジタルギャラリー

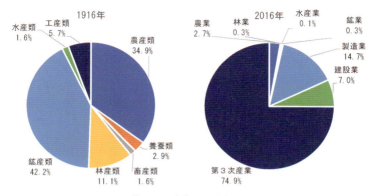

図4　秋田県の産業別生産額の構成比
(出典)県民経済計算などにより筆者作成

した結果、秋田では銅を中心に生産量が急増した。銅は明治期から大正期にかけて、日本の主要な輸出品であったことから、鉱物資源の供給地としての秋田は隆盛を極めた。

　翻って2016年では、農業は2.7％、林業は0.3％、水産業は0.1％、鉱業は0.3％と、往時と比べてこれらの産業が経済に占める位置付けは縮小している。

　一方、製造業は15.1％と飛躍を遂げている。高度経済成長期以降の秋田では電気・電子部品を製造する企業が多く集積し、大量生産・大量消費の時流に乗り、秋田の経済や雇用を支えたというイメージが強いのではないだろうか。

　しかし、現代の秋田の経済をけん引するのは第3次産業であり、総生産に占める割合は74.3％と大きなものとなっていることがわかる。

産業の稼ぐ力からみた100年

　では、秋田の産業の「稼ぐ力」はこの100年でどのように変化したのだろうか。そこで、産業別にみた全国の生産額に占める秋田県の生産額の割合（構成比）と全国での順位をみることで、わが国における秋田の産業の稼ぐ力を確認してみよう。（表1）

　農業（農産類）の生産額は、1919年では全国の2.2％を占め、順位は19位となっていたが、2019年には全国の2.4％、17位となっており、この100年を通じて大きな変化はみられない。

　同様に、林業（林産類）は1919年には全国の3.7％、順位は3位だが、2019年には3.6％で、順位は若干低下し7位となっている。

表1　秋田県の産業別生産額の全国順位

1919年	対全国比	全国順位	2019年	対全国比	全国順位
農産類	2.2%	19	農業	2.4%	17
林産類	3.7%	3	林業	3.6%	7
鉱産類	7.1%	4	鉱業	2.7%	7
工産類	0.3%	44	製造業	0.5%	43
生産額合計	1.4%	29	生産額合計	0.6%	41

（出典）県民経済計算などにより筆者作成

また、鉱業（鉱産類）は、1919年には全国の7.1％、順位は4位で、2019年には2.7％、7位と全国に占める割合、順位ともに若干低下している。

　一方、製造業（工産類）については、1919年では全国の0.3％、順位は44位と低位にあったが、2019年においても0.5％、順位も43位とほとんど変化がみられない。

　これらの結果からは、秋田の農林水産業、鉱業の国内での位置付けはこの100年で大きく変化していないことに驚かされる。この間に生じた社会・経済での変化を考慮すると、先人のたゆまぬ努力に敬意を表したい。

　一方で、製造業の競争力が低位のままであったが、この結果は筆者のような昭和世代には意外な印象を受ける。前述したように、高度経済成長期以降の秋田には、電気・電子部品を製造する企業が数多く集積し、経済や雇用をけん引してきたイメージが強い。

　事実、秋田県の工業出荷額等に占める電機・電子機器の割合をみると、1960年以降に急増して2000年には実に45.1％となっている。その後も4割程度を維持しており、電気・電子機器産業は秋田における工業分野の中核的な産業であることがわかる。（図5）

　しかし、秋田の産業を全体としてみた場合には、個別産業の奮闘とは違った姿が浮かんでくる。

　県全体の総生産額は1916年には全国の1.4％、順位は29位となっているが、2016年では0.6％、順位は41位と、国内における秋田の稼ぐ力は低下している。（表1）

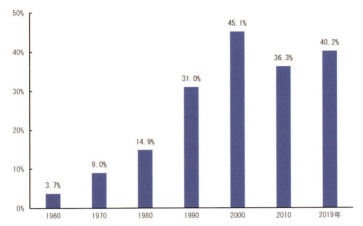

図5　秋田県の工業出荷額等に占める電気・電子機器の割合
(注) ① 1960〜2000年は電気機械器具製造業、2010〜2019年は電子部品・デバイス・電子回路製造業、電気機械器具製造業、情報通信機械器具製造業の合計
② 1960〜2000年は全事業、2010〜2019年は4人以上の事業所
(出典) 工業統計表などにより筆者作成

　近年の日本経済は、サービス産業や情報産業などを中心とする構造へと変化している。こうした日本の産業構造が変化した影響を受けて、秋田の基幹産業であった農林水産業、鉱業、製造業の割合が縮小したと考えられる。
　このようにみてくると、秋田の稼ぐ力を向上させるには、成長が期待できる産業を集め、育てていくことが重要となる。

これからの100年をけん引する産業
　これからの秋田の経済をけん引すると期待される産業とはどのようなものか。
　まずは「労働生産性」に着目してみよう。この労働生産性と

は、ある産業が生み出した付加価値（利益）を従業者数で割ったもので、従業者一人でどれだけの利益を生み出しているかをみたものである。この値が高ければ、少ない労力で大きな利益を生み出すことができる競争力の高い産業ということになる。

これまでの主力産業である農業・林業の全国順位は34位、製造業は46位、サービス業を代表する宿泊・飲食サービス業は39位と低い状況にある。（表2）

一方、情報通信産業は16位と全国的に高い位置にある。現在の情報通信業の生産規模は小さい（2020年度の秋田県の生産額の約2%）が、DX（デジタルトランスフォーメーション）、AI（人工知能）などが普及する将来のデジタル社会では成長が期待される産業である。

また、医療・福祉は25位と全国では中位にあるが、生産性は123.3と全国平均を23%も上回っており、高い利益を生み出している。

今後も高齢化の進行が見込まれる秋田では、医療・福祉への需要の拡大が予想されるものの、人材確保が困難となっている分野でもある。介護機器や支援ロボットを導入するなど、人材不足をカバーする投資を積極的に行うことで、これまで以上の発展が期待される。

稼ぐ力をみる上では、産業の成長力も重要な要素である。その観点では秋田の自動車関連産業は注目の分野と言える。

生産額（出荷額）は2009年の392億円から、2019年には734億円と、この10年でほぼ倍増している。（図6）

表2 秋田県の産業別にみた労働生産性（2016年）

	全国平均 （千円／人）	秋田県 （千円／人）	全国平均を100 とした秋田県 の生産性	秋田県の 全国順位
農業・林業	3,237	2,341	72.3	34
製造業	7,378	4,637	62.8	45
情報通信業	10,403	6,710	64.5	16
宿泊・飲食 サービス業	2,103	1,816	86.4	39
医療・福祉	3,084	3,803	123.3	25

（注）労働生産性＝付加価値÷従業者数
（出典）経済センサスなどにより筆者作成

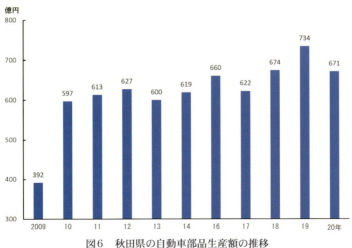

図6　秋田県の自動車部品生産額の推移
（出典）工業統計表などにより筆者作成

出版案内

2025.1

お急ぎの方は
直接ご注文
ください
（送料別途）

表示価格は
10%税込
価格です

勝平得之「竹打」（一部）

●読者の皆様へ

小社の出版物は、秋田県全域の書店でお求めいただけます。
県外の方は最寄の書店にてご注文ください。

秋田文化出版株式会社

〒010-0942 秋田県秋田市川尻大川町2-8
TEL 018-864-3322　FAX 018-864-3323
E-mail akitabunka@yahoo.co.jp
http://akita-bunka.info/

版画家 勝平得之の世界
勝平新一 編

勝平得之 [版画50選] 定価55,000円
A3版40葉、A2横長版（二つ折り）10葉の計50葉をバラ収納。入替が楽しめます。耐光インクで版画の美しい色合いを再現。

版画 [秋田の四季]
勝平得之作品集　定価3,520円
版画家・勝平得之の代表作を収録したコンパクトなカラー作品集。
〈B5版カラー88頁〉

勝平得之 画文集
定価1,650円
多数の版画とともに世界的な版画家・得之の随筆を収録した画文集。〈A4版モノクロ112頁〉

あなたも本を出版してみませんか？

・自分の生きてきた道を子どもたちに残したい
・これまで発表した文章をまとめてみたい
・趣味の写真や、絵をみんなに見てもらいたい
・書きためてきた詩や俳句を発表したい

原稿の整理から、編集・デザイン・校正まで、秋田県で最も歴史ある出版社の、本作りのプロがお手伝い。初めての方でも安心してお任せいただけます。ご相談ください！

新刊 天造の地
小笠原 晃紀 著 (四六判上製 258頁) 定価1,870円

田舎には何もないから都会に行く……日本中でこんなことが繰り返されてもう何十年になるのでしょう。はたして田舎には何もないのだろうか？ いにしえの昔から人の営みがあり、懸命に生きた人間たちのドラマと物語があったに違いない。それを掘り起こし伝えてこなかっただけなのではないか。覚林と金輪五郎の人生を知ってもらいたい。

新刊 吹雪の彼方
小笠原 晃紀 著 (四六判上製 242頁) 定価1,870円

出世しても、勲章をもらっても、満たされない人がいる。生き残ってしまったと自らを責め、自分には義務があると走り続ける。そうかと思えば、腹を空かせ食料を得るために一日を費やしながら、十分に満たされているとほほ笑む人がいる。家族と暮らし運命に従って生きるのが幸せだと。長谷川貞三と天鷲速男の生きざまをあなたはどう思いますか？

新刊 私撰書・考古論稿目録
利部 修 編 (四六判並製 172頁) 定価2,200円

読者の必要性から考古学の文献を効率良く探せる書。
考古学に携わる研究者・学生などに手に取っていただきたい、記念誌・研究書等の画期的な目録。
30年余の研究論文や論稿を扱っており、限定されない分野での広角な範囲を対象としている。

クロマツの海岸林のものがたり
小山 晴子 著 (四六判上製 184頁) 定価1,870円

知的刺激に満ちた圧倒的な面白さで私達を海岸林の世界へ誘う珠玉の一冊。
60年間にわたり記録したクロマツ海岸林の著書・四冊を一冊にまとめた集大成。秋田の海岸林と仙台湾の海岸林の違いは？ 海岸林は「何時、誰が、何のために」作った？ 暮らしと自然との関わり、歴史背景…等々語り継ぎたい「クロマツの海岸林の物語」。

既　刊

■フィリピンに消えた「秋田の軍隊」
—歩兵第十七連隊の最後—
フィリピンに送り込まれた秋田の
郷土部隊。悲惨な戦争の現実。
長沼宗次 著　　　定価2,200円

■ふるさとの話 水に沈む百宅集落
鳥海山の麓、百宅（ももやけ）集落
の四季の暮らしと自然を映し出す。
三浦繁忠 写真・文　定価2,200円

■続・北浦誌 男鹿半島史Ⅳ
ナマハゲなど民俗・伝承、明治の
新聞記事、出稼ぎ、災害などを収録。
磯村浅次郎 著　　　定価1,980円

■秋田・八郎湖畔の歴史散歩
八郎潟湖畔を巡るための歴史入門
ガイドブック。見所を写真で紹介。
佐藤晃之輔 著　　　定価1,650円

■津波から七年目—海岸林は今
東日本大震災から7年、クロマツ
の植林が進む仙台湾。問題点は？
小山晴子 著　　　定価1,320円

■佐竹支族宇留野氏系譜
—秋田に下向した宇留野氏の探訪
佐竹氏の支族・宇留野家の系譜を
明らかにした研究者注目の一冊。
宇留野 弘 著　　　定価2,200円

■民謡「秋田おばこ」考
「秋田おばこ」のルーツや知られざ
る謎を解き明かす。楽譜も掲載。
小田島清朗 著　　　定価1,650円

■秋田県の力士像 力士さん見て歩き
寺社の屋根を支える力士像の数は
秋田県が日本一。初のガイド本。
渡辺 修 著　　　定価1,650円

■ごじょうめのわらしだ
昭和30年代の田舎に暮らす子ども
たちの毎日が蘇る。
大石清美 絵・文　　定価2,200円

■秋田・ダム湖に消えた村
ダム湖に沈んだ秋田県内33集落の
記憶が込められた貴重な写真集。
佐藤晃之輔 著　　　定価1,650円

■秋田藩の用語解説
多分野にわたる48項目を、最新の
研究成果を交えて丁寧に解説。
半田和彦 著　　　定価1,650円

■男鹿中誌 男鹿半島史Ⅱ
男鹿半島の男鹿中地区の歴史・民

俗・人物に焦点をあてた地域誌。
磯村朝次郎 著　　　定価2,096円

■北浦誌 男鹿半島史Ⅲ
男鹿半島の北浦地区の歴史・民俗・
人物に焦点をあてた地域誌。
磯村朝次郎 著　　　定価2,640円

■秋田・羽州街道の一里塚
秋田県内の羽州街道一里塚の全位
置を独自調査で推定した労作。
佐藤晃之輔 著　　　定価1,650円

■近世・秋田人物列伝
近世の秋田で活躍した49人の人物
を列伝形式で語る。（新書版）
笹尾哲雄 著　　　定価1,100円

■コンサイス木材百科
木材や林業、建築に関わるあらゆ
る人のための便利な木材知識集。
秋田県木材高度加工研究所 編 定価2,860円

■秋田の巨樹・古木
天然記念物を中心に、秋田県内各
地の巨樹・古木をカラーで紹介。
秋田県緑化推進委員会 編 定価1,572円

■続・小友沼
渡り鳥の楽園小友沼を「守る会」と
して長年活動する著者が紹介。
畠山正治 著　　　定価1,650円

■大潟村の人びと
干拓で誕生した大潟村の入植者の
話で紡ぐもう一つの「大潟村史」。
海山徳宏 著　　　定価1,650円

■ハタハタ あきた鰰物語
生態、漁の歴史、民俗など、意外
に知られていないハタハタの謎に
迫る。
田宮利雄 著　　　定価1,572円

■木都徒然通信
秋田県立大高度木材加工研究所前
所長の軽妙洒脱な随筆集。
飯島泰男 著　　　定価1,650円

■秋田地名要覧
秋田魁紙で連載の「あきた地名ファ
イル」に未発表原稿を加えた完全
版。
斎藤廣志 著　　　定価1,980円

■北の彩り秋田 Part3
北国の美しい自然をおさめたハン
ディタイプのオールカラー写真集。
千葉克介 写真　　　定価1,320円

近年刊行の本

■私にとっての把手共行
－記憶、その思い込みとこだわりにつきあう－

様々な経験・症例をもとに創作した物語。生きづらい現代を健やかに生きていくための必読の書!!

齊藤征司 著　　定価1,650円

■秋田・大潟村の話しっこ
語り継ぎたいモノガタリ

これほどのドラマに満ちあふれた村があっただろうか…。第4次入植者である著者が「大潟村」を語り尽くす!!

佐藤晃之輔 著　　定価1,650円

■野の花はともだち

小さな野の花の世界をのぞいてみませんか。優しいまなざしで描く「スケッチ」と「好奇心」が奇跡のような物語へ繋がった。

小山晴子 著　　定価1,100円

■ペストの古今東西
～感染の恐怖、終息への祈り～

歴史を揺るがしたペスト・パンデミック。人々はどのように乗り越えようとしたのか、往時に想いを馳せ学ぶべきではないだろうか。

佐藤 猛・佐々木千佳 編 定価1,650円

■秋田・道路元標＆旧町村抄

歳月とともに人々の記憶から埋もれていく「道路元標」。失われたもの、残されたものに思いを馳せ、後世に伝えたい。

佐藤晃之輔 著　　定価1,650円

■テープで痛みを取った話
スパイラルテーピング

ツボなどに貼り劇的な効果を得るスパイラルテーピングを使用した治療法を20年以上続けている著者が綴る、様々な痛みを解消した治療例集!!

佐藤友治 著　　定価1,760円

■宗ちゃんのオチンポ物語
悩まず怯まず高齢者ライフ

病院から老人ホームと施設へ。「人間の尊厳」と「オチンポ哲学」に触れた異色の編集内容。

長沼宗次 著　　定価1,100円

■お二階のひとⅡ

正常な人間の部分が消えていく。それを哀しいと感じることもなくなる。認知症を本人の視点で描く。

柴山芳隆 著　　定価1,650円

■大物忌神と鳥海山信仰
北方霊山における神仏の展開

大物忌神は律令政府によって鳥海山に祀られた神である。かくして古来北方の霊山とされてきた鳥海山で神仏は如何ように展開したのか。

神宮 滋 著　　定価1,980円

■秋田藩大坂詰勘定奉行の仕事
「介川東馬日記」を読む

上方商人VS秋田武士。藩財政さえも動かす上方商人に、東北の下級武士はどう対峙し何を学んだか…。新しい藩政史の世界にあなたを誘う。

金森正也 著　　定価1,650円

■お二階のひと

認知症の介護に明け暮れし、喪失感と疲労感に苛まれる日々。歯車の狂いは日常に潜んでいた。著者の実体験をもとに綴る心の「病み」と「闇」。

柴山芳隆 著　　定価1,650円

■大潟村一農民のあれこれ

県内の「消えた集落」を訪ね歩き記録してきた筆者が新聞・雑誌等に掲載された文章をまとめた。消えゆくものへの思いにあふれる寄稿集。

佐藤晃之輔 著　　定価1,980円

■秋田・ムラはどうなる

このままではムラが消滅。綿密な現場調査と統計数字から考察した「問題提起の書」。「働く場の創出なくして、ムラの再生はない」と著者は説く。

佐藤晃之輔 著　　定価1,980円

■中学生と動物たち

誰もが経験する動物たちとの遭遇体験。理科教師の著者と中学生たちが織りなす動物をめぐる物語。

小山晴子 著　　定価1,100円

■秋田音頭考・西馬音内盆踊り考

「秋田音頭」の現代のあり方を示唆。「西馬音内盆踊り」－何の変哲もない小さな田舎町に、なぜこの踊りが伝えられたのか。発祥の謎に迫る。

小田島清朗 著　　定価1,870円

■日本廃村百選
―ムラはどうなったのか

廃村調査の第一人者である著者が、廃校廃村100ヵ所の「ありのままの姿」を紹介。日本全国廃村レポート。

浅原昭生 著　　定価2,200円

自動車産業は、長期にわたり海外で高い競争力を維持してきた、わが国の経済をけん引する産業である。隣県の岩手にはトヨタグループの主力工場が立地しており、この分野の関連企業にとって事業拡大のチャンスでもある。

　そして、大きな発展が見込まれているのが風力発電である。

　秋田県西部は日本海に面し年間を通じて風況が安定しており、風力発電を行う上で適地とされている。これまでも、沿岸部には大型の風車が林立し、国内屈指の風力発電の基地として発展してきた。

　加えて、洋上風力発電の国家プロジェクトの実施地域として、秋田港および能代港が選定されたことから、秋田は日本における洋上風力発電の先進地域として国内外から注目が集まっている。

　最大出力は合計約14万KW（一般家庭約13万世帯分）で、国内初の本格的な洋上風力発電所として既に2023年に商業運転が開始されている。（図7）

　秋田にとっては風車の建設事業、発電事業に加えて、関連企業の進出、メンテナンス需要、施設見学などの観光需要といった幅広い分野への経済効果、雇用増加が予想されている。

　秋田県の試算によれば、秋田港、能代港内の洋上風力発電所の建設に伴う経済波及効果は、約270億円の生産額増加と2,645人の雇用を生み出すことが見込まれている。さらに洋上風力発電は一般海域への拡張も計画されており、現在の計画が実現された時には、現在の十数倍規模となる約3,551億円の生産額増加と34,952人の雇用を生み出すと予測されて

図7　秋田県の洋上風力発電の計画
（出典）第2期秋田県新エネルギー産業戦略

表3　秋田県の洋上風力発電の経済効果

	建設工事	運転保守（メンテナンス）	撤去工事	合計 生産増加	合計 雇用増加
現在 14万kW	124億円	120億円	26億円	270億円	2,645人
計画実現時 186万kW	1,611億円	1,611億円	329億円	3,551億円	24,952人

（出典）第2期秋田県新エネルギー産業戦略により筆者作成

いる。(表3)

　この経済効果で注目されるのは、建設工事だけではなく、メンテナンス業務についても大きな経済効果が期待できる点である。メンテナンスといった業務については、建設関連の秋田の地元企業が参入するチャンスが広がるものと期待される。しかし、秋田の建設関連の企業は中小企業が多く単独での取り組みには限界があることから、産学官が連携して、成長分野への地元企業の参入を支援していく取り組みが求められる。

　さらに、日本が期待する成長分野には観光がある。

　日本の総人口が減少に転じる中、国内観光の市場は縮小するものと見込まれていたが、政府の積極的な取り組みもあり、外需である訪日外国人旅行者数は2012年の622万人から、2019年の3,188万人へと急増している。

　国内の主要な観光地は外国人観光客で込み合う状況で、特にアジアを中心に富裕層が多く来日しており、外国人観光客の旺盛な消費活動により訪問先の観光地の経済は活況を呈している。

　新型コロナウイルス感染症の拡大に伴う入国制限により一時的に減少したものの、制限解除後には最近の円安の効果もあり、再び訪日外国人が増加に転じている。

　秋田を訪れる外国人観光客数を把握するため外国人宿泊者数をみると、2019年には過去最高の13.9千人となるなど、外国人観光客は着実に増加している。(図8)

　コロナ禍により急減した後、制限緩和後の2022年には回

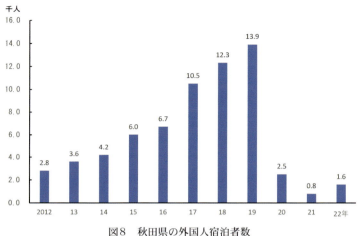

図8　秋田県の外国人宿泊者数
(出典)宿泊旅行統計調査により筆者作成

　復傾向に転じている。さらに、2023年12月からは秋田空港と台湾を結ぶチャーター便が就航したほか、クルーズ船が秋田港・能代港・船川港に2023年の一年で30回も寄港するなど、ポストコロナにおいて外国人観光客の誘客の下地がつくられつつある。

　しかし、秋田の外国人宿泊者数をみると、2020年では東北では最下位の6位、全国では41位となっている。

　観光産業は今後も成長が期待できる分野であり、外国語やキャッシュレス、ICT（情報通信技術）を活用した観光情報の提供など、受け入れ体制の強化を図るとともに、官民一体での広報・PR活動にも注力することでこれまで以上の誘客を実現し、秋田の観光産業を発展させていくことが急務である。

参考文献・資料

秋田県（2016）「第2期秋田県新エネルギー産業戦略」

秋田大学附属図書館ＨＰ「秋田大学鉱山絵図絵巻デジタルギャラリー」
　　https://archive.keiyou.jp/akitaunivda/（2023年12月4日閲覧）

統計データ

秋田県（1919）「統計上より観たる秋田県の地位　第1編（生産額及び負担額）」
　　統計書

秋田県「秋田県県民経済計算」

秋田県「秋田県の人口」

観光庁「宿泊旅行統計調査」

経済産業省「工業統計調査」

国立社会保障・人口問題研究所「日本の地域別将来推計人口（平成30年推計）」

総務省・経済産業省「経済センサス‐活動調査」

総務省「人口推計　都道府県別人口推計（大正9年〜平成12年）」

総務省「国勢調査」

内閣府「県民経済計算」

Column コラム7

大学生による日本酒造りと地域の魅力発信

益満　環

　私のゼミナールでは、マーケティング（モノが売れる仕組み）を研究しており、その研究活動の一環として、産学官連携で日本酒を造り、販売している。秋田県大仙市内の5つの酒蔵（出羽鶴酒造株式会社、刈穂酒造株式会社、合名会社鈴木酒造店、金紋秋田酒造株式会社、有限会社奥田酒造店）と大仙市農林部と連携し、出羽鶴、刈穂、秀よし、金紋秋田、千代緑の5銘柄を統一ラベル「宵の星々（よいのほしぼし）」という名前で令和3年から売り出している。

産学連携醸造酒「宵の星々」

秋田県は日本酒の出荷量で全国第5位を誇り、消費量も全国第2位と酒どころとして全国的に有名である（令和2年度国税庁統計より）。その日本酒造りが盛んな地域において、大学生が酒米の種まきから田植え、稲刈り、醸造、瓶詰、販売、PRまで、すべての酒造りの工程に参加しており、国内外の事例をみてもここまで広く日本酒のマーケティング活動に携わっているゼミナールは皆無だろう。

酒蔵での作業の様子

　学生達のがんばりにより、毎年1,000ケース、計5,000本が販売前の予約ですべて売り切れた他、大手通販サイトの吟醸酒部門では販売数が第1位になるほどの盛況ぶりだった。なぜ、これほど売れたのか？。もちろん、5つの蔵元は、長い歴史があり秋田県民にとって名の知れた酒蔵であるが、学生達による効果的なプロモーションの

Column コラム 7

成果だと言える。ゼミナールでは、「知らなければ無いものと同じ」をモットーに、特にプロモーション活動に力を入れている。「宵の星々」のターゲットは日本酒をこよなく愛する40代以上の男性で、いかに彼らに「宵の星々」を知ってもらい、購入してもらうかである。そのため、テレビや新聞、ラジオなどの従来からの情報伝達手段だけでなく、英語によるインスタグラム®への投稿（ユーザーネーム：醸して大仙）やYouTubeで酒蔵紹介動画を制作するなど、様々なプロモーションを行ってきた。

　その中でも特に秋田県内で効果があったのは、テレビ番組への出演とCM放映、地元新聞への掲載であった。ターゲットが40代以上の男性であることから、夜のニュース番組の前後にCMを放映したことや県内購読者が県人口の約半数という驚異の購読率を持つ地元新聞紙の強みを生かしたプロモーションの成果と言える。その結果、「宵の星々」の認知度が高まり、毎年即完売するほどの盛況ぶりである他、外務省の「地方を世界へ」プロジェクトにおいて林芳正外務大

林芳正外務大臣（当時）への「宵の星々」の紹介の様子（外務省提供）

臣（当時）に紹介することが出来た。将来は国内販売だけでなく、海外にも販路を築き、日本酒の美味しさだけでなく、大仙市、秋田大学の名を広く認知させていきたい。

　さらには、大仙市と友好交流都市である神奈川県座間市の座間市民ふるさとまつりにも招待され、「宵の星々」を販売した。そこでは、日本酒による人的交流の他、関係者から新たな商品開発の依頼や既存商品のプロモーションの依頼も受けた。こうした自治体交流は、双方の魅力を再認識し、地域資源の可能性を考える良い機会でもあり、新たな関係人口の創出に寄与するものとなった。

座間市民ふるさとまつりでの「宵の星々」販売の様子

　2024年も2月初旬に唯一無二の「宵の星々」が誕生した。「宵の星々」が地域ブランドとして益々認知されることで関係人口および交流人口が増加し、大仙地域がさらに活性化する好循環の歯車となるよう学生達と引き続きこの活動に邁進したい。

あとがき

　本書は、秋田大学教育文化学部地域文化学科の「秋田学基礎」と「地域学基礎」の授業を基にしている。

　このうち、「秋田学基礎」は１年生が最初に学ぶ科目の１つで、秋田大学が立地する「秋田」を多面的に学ぶ。担当教員の専門分野は、経済、経営、マーケティング、法律、政治、社会学、観光、地理、防災、観光、建築、生活科学、情報、文学、歴史、外国文化など多岐にわたる。入門科目でありながら、秋田に関する最新のデータや研究成果に裏付けられた高度な内容となっている。

　「自然と社会」篇では、担当教員の研究領域である自然科学と社会科学の各分野から秋田の魅力、課題を紹介し、その解決に向けたヒントが紹介されている。秋田に関して、かくも広範な視点での分析は他に類が無く、まったく新しい「秋田」のイメージを読者に提供できたと自負している。

　地域文化学科は、「地域」を深く学ぶことを特徴としている。「秋田学基礎」に加えて「地域学基礎」においては、学生が地域の実情を体験的に学び、積極的に地域に関わる態度や調査研究の基本的技能を修得する。さらに、「地域振興論基礎」・「地域課題研究ゼミ」などを通じて、地域の課題発見から解決に至るまでの知識を修得していく。その目的は、日本の多くの地域が直面する人口減少や活力衰退などの課題解決を担う人

材の育成にある。

　こうしたユニークなカリキュラムが実現したのは、2014年の学科設立時の中心メンバーである志立正知先生、林良雄先生のご尽力に負うところが大きい。お二人の先見性と構想力が本書に結実しており、その慧眼に感服いたすとともに、編者・執筆者を代表して厚くお礼申し上げる。

　本書が生まれたのは、コロナ禍に由来している。2020年には感染防止の観点から大学では遠隔での授業を余儀なくされ、「秋田学基礎」も授業資料をWebで一括管理することとなった。これを進行・管理する教員が閲覧したところ、その豊かな内容に感嘆するとともに、学内にとどめておくのは実に「もったいない」と考えたことが端緒となっている。

　2022年9月、秋田文化出版株式会社の石井春彦社長に出版企画を相談したところ、内容を高く評価してくださり、刊行を即決していただいた。そして、石井玲子（デザイン）・菊地信子（編集）両氏の行き届いたサポートにより、執筆・編集作業をスムーズに進めることができた。皆様には深謝申し上げたい。

　最後になるが、本書は二分冊となっている。姉妹編の「文化と歴史」篇もお読みいただければ、より深く秋田の魅力を発見することができるだろう。

編者・執筆者を代表して　臼木智昭

❋ 自然と社会 ❋

著者紹介

執筆順

佐藤　猛（さとう　たけし）　＊編者　【はしがき】

秋田大学教育文化学部地域文化学科　国際文化講座准教授

北海道出身。博士（文学）〔北海道大学〕。1975年生、専門は中世ヨーロッパの歴史で、国家の誕生に関心を持つ。中公新書『百年戦争』（2020）を執筆し、戦争と平和やジャンヌ・ダルク、ペスト大流行について高大連携授業や秋田大学公開講座を多数行う。

林　武司（はやし　たけし）　＊編者　【はしがき・第1章】

秋田大学教育文化学部地域文化学科　地域社会・心理実践講座教授

東京都出身。博士（理学）〔千葉大学〕。1970年生、水文学を専門とし、主に水がかかわる様々な環境のあり方や人間社会と水とのかかわりを研究する。秋田県の環境審議会委員や県内ジオパークのガイド養成講座の講師などを務める。

臼木　智昭（うすき　ともあき）　＊編者　【はしがき・第7章・あとがき】

秋田大学教育文化学部地域文化学科　地域社会・心理実践講座教授

東京都出身。博士（政策研究）〔千葉商科大学〕。1967年生、持続性のある地域のあり方について、経営学の視点で考える「地域経営」を研究する。国、秋田県等の審議会委員を多数務めるほか、秋田県立大学、放送大学等の非常勤講師、高校への出前授業も行う。

荒井　壮一（あらい　そういち）　＊編者　【はしがき・第5章】

東北福祉大学総合マネジメント学部産業福祉マネジメント学科准教授

富山県出身。博士（経済学）〔東北大学〕。1978年生、専門は金融論・マクロ経済学。非伝統的な金融政策や物価と経済のかかわりを研究する。能代市総合計画市民協働会議アドバイザーの経験から、地方と中央の現代的な関係性に関心を寄せるに至った。

著者紹介

大橋　純一（おおはし じゅんいち）　＊編者　【はしがき】

秋田大学教育文化学部地域文化学科 国際文化講座教授

新潟県出身。博士（文学）〔東北大学〕。1969年生、方言の現状を調査するとともに、古文献との対照などから、日本語が辿りつつある変化の諸相を研究する。また発音の機械分析を通して、方言音声の特質を客観的に究明する取り組みも進めている。

池本　敦（いけもと あつし）　【コラム1】

秋田大学教育文化学部地域文化学科 地域社会・心理実践講座教授

鳥取県出身。博士（薬学）〔名古屋市立大学〕。1971年生、専門は食品機能学、栄養生化学、食環境学。仙北市総合政策審議会や秋田県総合食品研究センター倫理委員会の委員を務め、秋田県内の山菜などの未利用食素材の有効活用の研究に取り組んでいる。

成田　憲二（なりた けんじ）　【第2章】

秋田大学教育文化学部地域文化学科 地域社会・心理実践講座准教授

北海道出身。学術博士（環境科学）〔北海道大学〕。1965年生、砂漠や高山・極地などの植物生態を中心に研究。気候変動による生態系への影響や種子の進化・適応などについて研究を進めている。

西川　竜二（にしかわ りょうじ）　【コラム2】

秋田大学教育文化学部地域文化学科 地域社会・心理実践講座准教授

東京都出身。博士（工学）〔武蔵工業大学（現・東京都市大学）〕。1970年生、専門は建築環境学。環境共生的な建築と住み方の研究と普及を行う。近著（分担）に『季節を味わう住みこなし術』（技報堂出版、2022年）。自治体のゴミ減量や建築関係の委員も務める。

著者紹介

水田　敏彦（みずた　としひこ）　【第3章】

秋田大学地域防災減災総合研究センター教授

福岡県出身。博士（工学）〔東京工業大学〕。1969年生、専門は地震工学・地震防災。過去に発生した地震被害の調査や地面の揺れの観測など、地震災害から人や街を守るための研究を進めている。また、得られた成果を地域社会へ還元する防災教育の取組も行う。

林　　良雄（はやし　よしお）　【コラム3】

秋田大学教育文化学部地域文化学科　地域社会・心理実践講座教授

大阪府出身。学術博士〔神戸大学〕。1960年生、専門は情報教育と人文科学における情報技術の応用についてなどの情報科学分野。現在、小学校におけるプログラミング教育と高校の情報科に関する研究、および方言データベースの構築を行っている。

篠原　秀一（しのはら　しゅういち）　【第4章】

秋田大学教育文化学部地域文化学科　地域社会・心理実践講座教授

神奈川県出身。理学博士〔筑波大学〕。1962年生、専門は水産地理学・文化地理学。主な研究領域は「大規模水揚げ漁港を中心とする水産物流通」または「地域ブランド水産物および臨海地誌」。ほぼ毎年、北海道の漁村や沖縄の宮古島などでフィールドワークを行う。

石沢　真貴（いしざわ　まき）　【コラム4】

秋田大学教育文化学部地域文化学科　地域社会・心理実践講座教授

宮城県出身。博士（学術）〔横浜国立大学〕。1967年生、社会学を専門とし、秋田市と湯沢市を中心に地域コミュニティや住民による地域活動の諸課題について研究する。秋田県の地域づくりや医療・福祉に関連した行政審議会委員等を務めている。

著者紹介

和泉　浩（いずみ ひろし）　【(コラム5】

秋田大学教育文化学部地域文化学科　地域社会・心理実践講座教授

宮城県出身。博士（文学）〔東北大学〕。1972年生、専門は社会学。社会学理論、都市、サウンドスケープ、音楽などの研究のほか、大学の高齢者医療先端研究センターに関わり、地域の健康づくりの調査なども実施。男女共同参画のNPOの理事も務めている。

高橋環太郎（たかはし かんたろう）　【第6章】

秋田大学教育文化学部地域文化学科　地域社会・心理実践講座准教授

愛知県出身。博士（観光科学）〔首都大学東京〕。1988年生、主に統計学の手法を用いて観光の研究を行っている。秋田大学に赴任後は、現在まで培ってきた手法を応用しながら、由利本荘市と鹿角市において定期的に現地調査を行っている。

棟久　敬（むねひさ たかし）　【コラム6】

秋田大学教育文化学部地域文化学科　地域社会・心理実践講座講師

秋田市在住。修士（法学）〔明治大学〕。1982年生、専門は憲法学。信教の自由・政教分離原則、教育法についてドイツ憲法との比較研究を行っている。青年法律家協会秋田支部で講演を行うなど、秋田県内の法曹関係者との交流をもっている。

益満　環（ますみつ たまき）　【コラム7】

秋田大学教育文化学部地域文化学科　地域社会・心理実践講座准教授

秋田県出身。博士（経営学）〔東北大学〕。1974年生、専門はマーケティング。大仙市と市内5つの酒蔵と連携し日本酒の統一ブランド「宵の星々」を開発。横手やきそば四天王決定戦実行委員会委員等を務め、地元ラジオ局と番組制作にも関わる。

秋田を学ぶ　❀自然と社会❀

2024年11月20日　初版発行

編　者　秋田大学教育文化学部
　　　　　佐藤　猛・林武　司・臼木智昭・
　　　　　荒井壮一・大橋純一

発　行　秋田文化出版株式会社
　　　　　〒010－0942
　　　　　秋田市川尻大川町2－8
　　　　　ＴＥＬ（018）864－3322(代)
　　　　　ＦＡＸ（018）864－3323

　　　　　ISBN978-4-87022-620-3
　　　　　地方・小出版流通センター扱